Bright Keswani
Vikas Yadav

Kunstmatige intelligentie-algoritmen

Bright Keswani
Vikas Yadav

Kunstmatige intelligentie-algoritmen

Een Genetisch Algoritme perspectief

ScienciaScripts

This book is a translation from the original published under ISBN 978-620-2-51845-1.

Publisher:
Sciencia Scripts
is a trademark of
International Book Market Service Ltd., member of OmniScriptum Publishing Group
17 Meldrum Street, Beau Bassin 71504, Mauritius
Printed at: see last page
ISBN: 978-620-0-86203-7

INHOUD

HOOFDSTUK 1 : INLEIDING

Iedereen is toegewijd aan kwaliteit; de volgende verklaring laat echter enkele van de verwarrende ideeën zien die door veel individuen worden gedeeld en die het bereiken van een kwaliteitsverbintenis in de weg staan: Kwaliteit vereist een commitment, vooral van het topmanagement. Nauwe samenwerking van het management en het personeel is nodig om dit te realiseren.

Veel mensen geloven dat defecte producten en diensten onmogelijk zijn en accepteren bepaalde niveaus van defecten als normaal en acceptabel.

I. Kwaliteit wordt vaak geassocieerd met kosten, wat betekent dat hoge kwaliteit gelijk staat aan hoge kosten. Dit is verwarring tussen de kwaliteit van het ontwerp en de kwaliteit van de conformiteit.

II. Kwaliteitseisen eisen specificaties in voldoende detail dat de geproduceerde producten kwantitatief kunnen worden gemeten aan die specificaties. Veel organisaties zijn niet in staat of bereid om de moeite te nemen om specificaties op het vereiste detailniveau te produceren.

III. Technisch personeel is vaak van mening dat normen hun creativiteit verstikken en zich dus niet aan de normen houden. Om kwaliteit te kunnen garanderen, moeten echter welomschreven normen en procedures worden gevolgd.

IV. Kwaliteit kan niet worden bereikt door een reeds voltooid product te beoordelen. Het doel is daarom in de eerste plaats om kwaliteitsgebreken of -tekortkomingen te voorkomen en de producten door middel van kwaliteitsborgingsmaatregelen beoordeelbaar te maken. Enkele kwaliteitsborgingsmaatregelen zijn: het structureren van het ontwikkelingsproces met een softwareontwikkelingsstandaard en het ondersteunen van het ontwikkelingsproces met methoden, technieken en tools. De onopgemerkte bugs in de software die miljoenen verliezen veroorzaakten voor het bedrijfsleven hebben de groei van onafhankelijke tests noodzakelijk gemaakt, die worden uitgevoerd door een ander bedrijf dan de ontwikkelaars van het systeem.

V. Naast productbeoordelingen zijn procesbeoordelingen essentieel voor een kwaliteitsmanagementprogramma. Voorbeelden hiervan zijn documentatie van coderingsnormen, het voorschrijven en gebruiken van normen, methoden en hulpmiddelen, procedures voor gegevensback-up, testmethodologie, wijzigingsbeheer, documentatie over defecten en reconciliatie.

Kwaliteitsmanagement verlaagt de productiekosten, want hoe eerder een defect wordt gelokaliseerd en verholpen, hoe goedkoper het op de lange termijn zal zijn.

VI. Met de komst van geautomatiseerde testtools kan de initiële investering weliswaar aanzienlijk zijn, maar het resultaat op lange termijn is een hogere kwaliteit van de producten en lagere onderhoudskosten. De totale kosten van effectief kwaliteitsmanagement zijn de som van vier componenten: preventie, inspectie, intern falen en extern falen.

VII. De preventiekosten bestaan in de eerste plaats uit acties die worden ondernomen om gebreken te voorkomen. Inspectiekosten bestaan uit het meten, evalueren en controleren van producten of diensten op conformiteit met de normen en specificaties.

VIII. Interne faalkosten zijn de kosten die worden gemaakt voor het repareren van defecte producten voordat deze worden geleverd.

IX. Foutdetectie en -verwijdering is het meest vitale, maar gewoonlijk verwaarloosde facet van de softwarekwaliteitsborging in elk project. Indien functioneel in alle stadia van de softwareontwikkeling, kan het de tijd, de overhead en de middelen die nodig zijn om een hoogwaardig product te ontwikkelen, condenseren. De belangrijkste uitdaging van een IT-industrie is om een softwareproduct te ontwikkelen met een minimum aan defecten na de implementatie.

1.1 Softwareontwikkeling

De ontwikkeling van software bestaat uit verschillende fasen. Elke fase eindigt met een gedefinieerde output. De fasen worden uitgevoerd in een door een procesmodel bepaalde volgorde. De belangrijkste fasen in het watervalmodel zijn Eisenanalyse, Ontwerp, Codering en Testen. Het testen hiervan vergt een maximale inspanning van de ontwikkeling. Het belangrijkste doel van de testfase is het lokaliseren van de maximale fouten in de software als gevolg van een product dat minder foutgevoelig is. De software wordt getest met een set testcases, om een oordeel te kunnen vellen over de kwaliteit of de aanvaardbaarheid en om fouten te ontdekken. Er worden twee fundamentele technieken gebruikt om testgevallen te identificeren, de zogenaamde functionele en structurele testen. Het handmatig genereren van de testcases met behulp van deze benaderingen kost veel tijd en moeite, waardoor een mechanisme nodig is om automatisch testcases te genereren.

Het testen van software is elke activiteit die erop gericht is de capaciteit van een programma of systeem te evalueren en te bepalen of het voldoet aan de vereiste functionaliteit [Hetzel & William, (1988)]. Hoewel het testen van software cruciaal is voor de kwaliteit van software en op grote schaal wordt toegepast door programmeurs en testers, blijft het testen van software een kunst, als gevolg van een gebrekkig begrip van de ethiek van software. De moeilijkheid bij het testen van software komt voort uit de complexiteit van software. Men kan een programma niet volledig testen met een redelijke complexiteit. Testen is meer dan alleen maar debuggen. Het doel van het testen kan kwaliteitsborging, verificatie en validatie zijn, of een inschatting van de betrouwbaarheid. Het testen kan ook worden gebruikt als een generieke metriek. Correctheidstesten en betrouwbaarheidstesten zijn twee belangrijke testgebieden. Het testen van software is een afweging tussen budget, tijd en kwaliteit. Het testen van software is arbeidsintensief, en dus duur, maar toch intensief gebruikt om de kwaliteit te controleren. Het is een onderdeel van bijna elk softwareproject. De testfase van typische projecten neemt tot 50% van de totale projectinspanning in beslag en draagt daarmee aanzienlijk bij aan de projectkosten en voegt niets toe aan het softwareproduct in termen van functionaliteit. Het testen van software brengt alleen de aanwezigheid van fouten aan het licht, maar garandeert nooit de afwezigheid ervan [Dijkstra (1972)].

Studies tonen ook aan dat het onderhoud tot 80% van de kosten voor de hele levenscyclus van de software kan kosten, en een groot deel van die kosten wordt besteed aan het testen. Elke verandering in de software kan het resultaat van een test beïnvloeden. Daarom moeten tests vaak worden herhaald. Dit is foutgevoelig, saai, tijdrovend en duur. Om te helpen bij het testen van programma's zijn er verschillende technieken ontwikkeld. Voor de testfase wordt een black box benadering van het testen ondersteund door het genereren van testcases die de verwachte functionaliteit van het programma afdekken [Cohen et al. (1997)]. Testgegevens kunnen automatisch worden gegenereerd ter ondersteuning van een white box-test [Ferguson & Korel (1996)], [Gallagher & Narasimhan (1997)] & [Korel, Wedde & Ferguson (1991)]. Het genereren van testgegevens bij het testen van programma's is het proces van het identificeren van een reeks testgegevens die voldoet aan het gegeven testcriterium. De meeste bestaande testdatageneratoren [Bicevskis et al. (1979)], [Boyer, Elspas, & Levitt (1975)], [Clarke (1976)], [Howden (1977)] & [Ramamoorthy & Chen (1976)] gebruiken een symbolische evaluatie om testgegevens af te leiden. In praktische programma's vereist deze techniek echter vaak complexe algebraïsche manipulaties, vooral in de aanwezigheid van arrays. Testen is de meest voorkomende manier om het vertrouwen in de juistheid en betrouwbaarheid van software te vergroten. Snel veranderende software- en computeromgevingen vormen veel uitdagingen voor succesvol en efficiënt testen in de praktijk. Onderzoek in het verleden naar het testen van evoluerende software heeft geresulteerd in technieken die het proces proberen te automatiseren of gedeeltelijk te automatiseren. Hoewel weinig van deze technieken met succes zijn overgedragen naar de praktijk, zijn bestaande technieken veelbelovend voor gebruik in de industrie. Door het combineren van programma-analyse, machinaal leren en visualisatietechnieken kan men een aanzienlijke verbetering verwachten in het proces van het testen van evoluerende software die zal zorgen voor een vermindering van de kosten en een verbetering van de kwaliteit.

1.2 Software testen

Er zijn een aantal geschiktheidscriteria om de testcases te genereren, zoals grenswaarde-analyse, paddekking, takendekking, etc., die in de categorie "white-box" of "black-box" vallen. Maar er zijn geen andere criteria dan uitputtende tests waarmee men kan garanderen dat als een testset die criteria kwalificeert, het alle fouten in de software zal opsporen, zodat men kan concluderen dat men met deze technieken de aanwezigheid van een fout kan certificeren, maar niet de afwezigheid van een fout. Uitgebreid testen is niet praktisch uitvoerbaar vanwege het probleem van de combinatorische explosie, zodat het doel van het testen zodanig wordt gereduceerd dat de inspanningen die nodig zijn om de testgevallen te genereren worden geminimaliseerd en het aantal gedetecteerde fouten wordt gemaximaliseerd. Er zijn een aantal technieken beschikbaar om automatisch testgevallen te genereren, zoals steekproefsgewijs testen, anti-random testen, enz. Het doel van al deze technieken is om een minimaal aantal testcases te vinden om de software volledig te testen. Het testen kan dus gezien worden als een probleem van optimalisatie. Er zijn een aantal technieken om optimalisatieproblemen op te lossen; één daarvan is Genetische Algoritmen. Genetische algoritmen zijn populatiegebaseerde zoekacties gebaseerd op het Darwin principe van *survival of the fittest*. Genetische algoritmen zijn in principe een evolutionaire techniek die geïnspireerd is op de biologische evolutie. Het werd ontwikkeld in de jaren 1970 door J. Holland, zijn collega's en zijn studenten aan de Universiteit van Michigan. Het bootst het proces van natuurlijke evolutie na. Genetisch Algoritme begint met een initiële populatie en past vervolgens genetische operatoren zoals selectie, crossover, mutatie en vervanging toe op die populatie om steeds betere individuen te laten evolueren. Genetische Algoritme kan worden beëindigd in een van de twee gevallen: maximaal aantal bereikte generaties of optimale waarde gevonden.

De belangrijkste tekortkoming van het testen is dat de gepostuleerde werking van het geteste systeem in principe alleen kan worden geverifieerd voor die invoersituaties die als testgegevens zijn geselecteerd. Het bewijs van juistheid kan alleen worden geleverd door een volledige test, d.w.z. een test met alle mogelijke invoerwaarden, invoerwaardevolgordes en invoerwaardecombinaties onder alle praktisch mogelijke beperkingen. In de praktijk is een complete test meestal niet mogelijk vanwege de grote hoeveelheid mogelijke invoersituaties. Testen kan daarom alleen een bemonsteringsmethode zijn. Daarom is de selectie van een geschikte steekproef met de meest foutgevoelige testgegevens essentieel voor het testen. Als testgegevens die relevant zijn voor de praktische inzet van het systeem worden weggelaten, neemt de kans op het opsporen van fouten binnen de software af. Van alle testactiviteiten - testcaseontwerp, testuitvoering, monitoring, testevaluatie, testplanning, testorganisatie en testdocumentatie - wordt dus essentieel belang gehecht aan testcaseontwerp [Wegener & Pitschinetz (1994)].

Het testen van software is goed voor ongeveer 50% van de totale softwarekosten, [Beizer B (1990)]. Deze kosten kunnen worden gereduceerd als het testproces wordt geautomatiseerd. In het verleden zijn een aantal verschillende methoden voor het genereren van testdata gepresenteerd. Deze methoden zijn onderverdeeld in drie klassen: *Willekeurige, path-georiënteerde en doelgerichte* testdata generatie, [Ferguson R. en Korel (1996)].

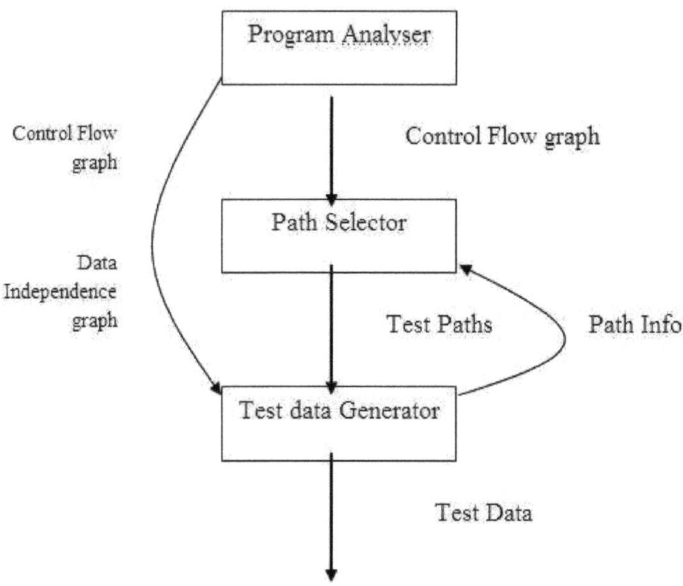

Figuur 1.1: Architectuur van een testdatageneratorsysteem

Figuur 1.1 modelleert een typisch testdatageneratorsysteem, het bestaat uit drie onderdelen: programma-analyzer, padkiezer en testdatagenerator. De broncode wordt uitgevoerd door een programma-analyzer, die de nodige gegevens produceert die door de path selector en de testdatagenerator worden gebruikt. De selector inspecteert de programmagegevens om geschikte paden te vinden. Geschikte paden kunnen impliceren dat bijvoorbeeld paden die leiden tot een hoge codedekking. De paden worden dan als argument gegeven aan de testdatagenerator die de invoerwaarden afleidt die de gegeven paden gebruiken. De generator kan de selector voorzien van feedback zoals informatie over onuitvoerbare paden.

Door de niet-lineariteit van software (if-statements, loops, enz.) resulteert de omzetting van testproblemen in optimalisatietaken meestal in complexe, discontinue en niet-lineaire zoekruimten. Buurtzoekmethoden zoals heuvelklimmen zijn in dergelijke gevallen niet geschikt. Daarom worden meta-heuristische zoekmethoden, zoals evolutionaire algoritmen, gebruikt. De geschiktheid van evolutionaire algoritmen voor het testen is gebaseerd op hun vermogen om effectieve oplossingen te produceren voor complexe en slecht begrepen zoekruimtes met vele dimensies. De dimensies van de zoekruimtes zijn direct gerelateerd aan het aantal invoerparameters van het te testen systeem. De uitvoering van verschillende programmapaden en de genestelde structuren in softwaresystemen leiden bij het testen tot multi-model zoekruimten.

1.3 Benaderingen van het testen

De praktijk van het testen van software is een van de belangrijkste aspecten van het proces van softwarecreatie geworden. Bij het testen van software is de eerste en potentieel meest cruciale stap het ontwerpen van testcases. Het ontwikkelen van effectieve en efficiënte testtechnieken is een groot probleem bij het maken van testcases. Er zijn verschillende bekende technieken verbonden aan het maken van testcases voor een systeem. Er worden testontwerpstrategieën gekozen die passen bij het type toepassing dat wordt getest en de soorten bugs die worden gezocht. Elke strategie heeft een eigen toepassingsgebied, aannames en beperkingen. In principe zijn er twee benaderingen van het testen van software: Black-Box Testing of Functionele Testing en White-Box Testing of Structurele Testing.

1.3.1 Functionele tests

Functioneel testen is een methode voor het testen van software die de functionaliteit van een applicatie test in tegenstelling tot de interne structuren. Deze teststrategie is gebaseerd op de opvatting dat elk programma kan worden beschouwd als een functie die waarden van zijn invoerdomein naar de waarden in zijn uitvoerbereik brengt. Vaak werkt de mens zeer effectief met black box kennis; in feite staat dit centraal bij objectoriëntatie. Deze testmethode kan worden toegepast op alle niveaus van het testen van software: eenheid, integratie, systeem en acceptatie. Het omvat meestal de meeste, zo niet alle, testen op hogere niveaus, maar kan ook unit-testen domineren.

Bij dit soort testen worden de testcases ontworpen op basis van de behoefte van de klant of de specificaties van het programma in plaats van de interne structuur van het programma. De meest begrijpelijke functionele testaanpak is uitputtend testen, maar het is niet praktisch. De uitputtende testers vindt u wel, maar de uitputtende testen niet.

Functionele testgevallen hebben twee duidelijke voordelen:

1) Ze staan los van het feit dat de manier waarop de software wordt geïmplementeerd. Dus als de implementatie verandert, blijven de testcases onaangetast en zijn ze nog steeds nuttig.

2) Het genereren van testgevallen kan parallel aan de uitvoering worden gestart, waardoor de tijd van de totale projectontwikkeling wordt bespaard.

Functioneel testen heeft ook een groot nadeel van redundante testgevallen. Er kan sprake zijn van aanzienlijke redundanties bij de testcases, die verantwoordelijk zijn voor verspilling van inspanning en tijd.

1.3.2 Gelijkwaardigheidsklasseverdeling

Het is goed om voor het begin van de test optimale testgevallen te hebben, die niet alleen alle vereiste kenmerken afdekken, maar ook voldoende zijn om goede kwaliteit bugs te ontdekken. Er zijn veel ontwerptechnieken voor het schrijven van testcases. Een van de meest populaire onder hen is Equivalence Class Partitioning.

 Het is een Black-box (Specification Based) testcase ontwerp techniek met twee primaire doelen

1) Om het aantal testgevallen tot het noodzakelijke minimum te beperken,

2) Om de juiste testgevallen te selecteren voor alle mogelijke scenario's.

Het basisidee achter equivalentieklasse partitionering is dat de input voor het programma in groepen kan worden geplaatst, en dat het programma zich voor elk lid van de groep gelijkwaardig moet gedragen. Daarom zal het niet nodig zijn om elke mogelijke input te testen, maar slechts één of enkele leden van elke equivalentieklasse. Aangezien het uitputtend testen bijna onmogelijk is, is de volgende natuurlijke aanpak het verdelen van het invoerdomein in een set van equivalentieklassen. Als een module of programma nu goed werkt voor een waarde in die klasse, dan zal het goed werken voor alle andere waarden in die equivalentieklasse. Op dezelfde manier kan men dergelijke equivalentieklassen ontwerpen voor het gehele invoerdomein. Het aantal testgevallen kan dus worden verminderd door uit elke equivalentieklasse één testgeval te selecteren. Als men bijvoorbeeld een programma controleert om te bepalen of een getal een priemgetal is of niet, dan kan men het hele invoerdomein in twee equivalentieklassen verdelen, één met alle priemgetallen en één met alle niet-priemgetallen. De reeks priemgetallen wordt geldige ingangen genoemd en de reeks niet-prime-ingangen wordt ongeldige ingangen genoemd. Voor robuuste software moet men ook rekening houden met ongeldige inputs. Op dezelfde manier kan men de klassen verder indelen in andere kleinere klassen om het testproces te verbeteren.

In het verleden is geconstateerd dat testgevallen in verschillende klassen liggen. Gelijkwaardigheidsklassen vormen een partitie van set, waarbij partitie verwijst naar een verzameling van onderling disjuncte deelverzamelingen waarbij de unie de gehele set is. Dit heeft twee belangrijke implicaties voor het testen van software: het feit dat de gehele set wordt gerepresenteerd zorgt voor een vorm van volledigheid en onsamenhangendheid zorgt voor een vorm van non-redundantie. Omdat de deelverzamelingen worden bepaald door een gelijkwaardigheidsrelatie, hebben de elementen van één deelverzameling iets met elkaar gemeen. Het idee is dus om testgevallen te identificeren door gebruik te maken van één element uit elke equivalentieklasse. Als de klassen verstandig gekozen zijn, wordt de potentiële redundantie in de testcases sterk verminderd. Als men bijvoorbeeld voor een gelijkzijdige driehoek testcase kiest (3, 3, 3) als testcase, dan zou men niet verwachten veel te leren van (6, 6, 6) of (50, 50, 50). De sleutel tot het testen van equivalentieklassen is de keuze van de equivalentieverhouding, die de klassen verdeelt. Omwille van de tekeningen wordt een functie F van twee variabelen x1, x2 gebruikt [Jorgenson (2002)]. Wanneer F wordt geïmplementeerd volgen de grenzen & intervallen voor de waarden van x1 en x2: -

$$a <= x1 <= d, \text{ met intervallen } (a, b), (b, c), (c, d)$$

$$e <= x2 <= g, \text{ met intervallen } (e, f), (f, g)$$

Ongeldige waarden voor x1 en x2 zijn x1 < a, x1 > d en x2 < e, x2 > g.

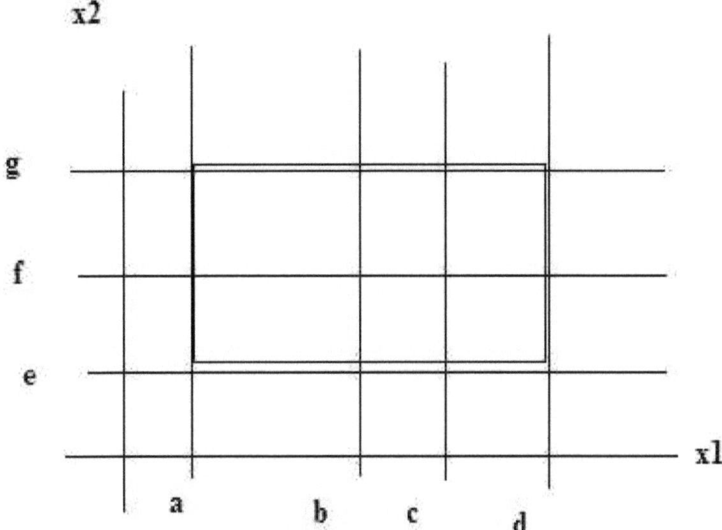

Figuur 1.2: Verdeling in equivalentieklassen voor variabele grenzen [Jorgenson (2002)].

Voor een meer algemeen voorbeeld, equivalentieklasse partities voor een nextDate module (d.w.z. een module die de volgende datum berekent gezien de huidige datum), geeft het de allereerste volgende datum van de ingevoerde huidige datum terug. Het kan worden gedaan als onder:

Het is een functie van drie variabelen en de grenzen zijn als onder:

$$M1 = \text{maand } (1 <= \text{maand} <= 12)$$

$$D1 = \text{datum } (1 <= \text{datum} <= 31)$$

$$Y1 = \text{jaar } (1951 <= \text{jaar} <= 2051)$$

De ongeldige equivalentieklassen waren:

$$M2 = \text{maand} < 1$$

$$M3 = \text{maand} > 12$$

$$D2 = \text{datum} < 1$$

$$D3 = \text{datum} > 31$$

$$Y2 = \text{jaar} < 1951$$

$$Y3 = \text{jaar} > 2051$$

Dus de robuuste testgevallen met equivalentieklasse-test kunnen net zo goed zijn als onder:

Tabel 1.1 Robuuste testgevallen voor de verdeling in equivalentieklassen

Maand	Datum	Jaar	Opmerkingen
5	15	1962	Alle geldige ingangen
-1	15	1962	M2-klasse
15	15	1962	M3-klasse
5	-1	1962	D2-klasse
5	45	1962	D3-klasse
5	15	1900	Y2-klasse
5	15	2100	Y3-klasse

1.3.3 Grenswaarde-analyse

De prestaties van een module op de grens van elke gelijkwaardigheidspartitie zijn eerder foutief, dus grenzen zijn een gebied waar het testen waarschijnlijk fouten oplevert. De maximale en minimale waarden van een partitie zijn de grenswaarden. Een grenswaarde voor een geldige partitie is een geldige grenswaarde en de grens van een ongeldige partitie is een ongeldige grenswaarde. Tests kunnen worden ontworpen om zowel geldige als ongeldige grenswaarden te dekken. Bij het ontwerpen van testgevallen wordt voor elke grenswaarde een test geselecteerd. De analyse van de grenswaarde kan op alle testniveaus worden toegepast. Het is betrekkelijk eenvoudig toe te passen en het vermogen om defecten te vinden is hoog. Deze testmethode wordt vaak beschouwd als een uitbreiding van de equivalentieverdeling. Stel dat elke invoerwaarde een gedefinieerd bereik heeft. De grenswaarde-analyse kan zes testgevallen hebben. Als een gehele variabele enkele minimum- en maximumwaarden heeft, dan zijn er zes grenswaarden die voldoen aan de criteria voor de analyse van de grenswaarde. Eén heeft minimum-1, minimum, minimum+1 voor de ondergrens en maximum-1, maximum, maximum+1 voor de bovengrens. Er zijn twee strategieën voor het combineren van de grenswaarden voor de verschillende variabelen in testgevallen. In het eerste geval, als er twee variabelen X en Y zijn, zijn er in totaal 13 testgevallen (Xmin-1, Xmin, Xmin+1, Xmax-1, Xmax, Xmax+1, Ymin, Ymin+1, Ymax-1, Ymax, Ymax+1, en één nominale waarde). Dus in dit geval wordt het totaal aantal testgevallen 6n+1. Ten tweede kan men alle mogelijke combinaties voor de waarden voor verschillende variabelen proberen. Nu zijn er zeven waarden voor elke variabele, dus als er n variabelen zijn wordt het totaal aantal combinaties 7n. Er zijn bepaalde beperkingen bij het optimaliseren van testgevallen met behulp van BVA. Boundary value analysis werkt goed als de te testen software (SUT) een functie is van verschillende autonome variabelen die een begrensd aantal fysieke grootheden vertegenwoordigen. Wanneer aan deze voorwaarden wordt voldaan werkt BVA goed, maar wanneer dit niet het geval is zijn er veel tekortkomingen in de resultaten.

Grenswaarden van een programma worden beschreven als invoergrenzen van de variabelen die in het programma worden gebruikt. Voor het tekenen van het probleem wordt een functie F gebruikt. F is een functie van twee variabelen, x1 en x2. Wanneer de functie F als programma wordt geïmplementeerd, zullen deze invoervariabelen enkele invoergrenzen hebben:

$$a <= x1 <= b;$$

$$c <= x2 <= d;$$

De invoerruimte van functie F is weergegeven in figuur 1.3. Elk punt binnen de gearceerde rechthoek is een legitiem punt voor de functie F.

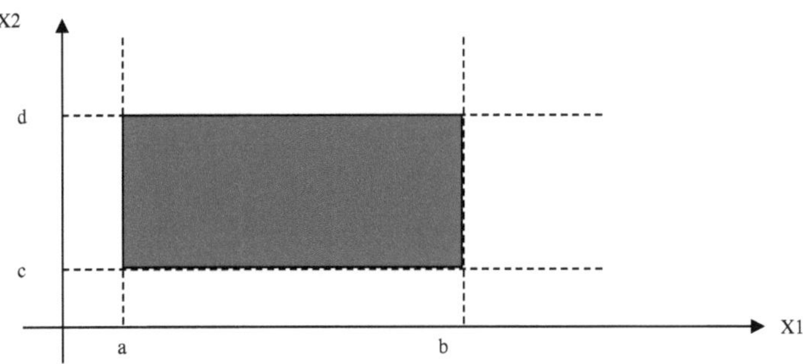

Figuur 1.3: Invoerdomein van een functie van twee variabelen

De analyse van de grenswaarde richt zich op de grens van de invoerruimte om testgevallen te identificeren. Zoals, Loop conditions kunnen testen op < wanneer ze moeten testen op <=. Dus het basisidee is om vijf waarden te selecteren, minimum, net boven de minimum, nominale waarde, net onder het maximum en het maximum. De testcasuswaarden voor de grenswaardeanalyse zijn weergegeven in figuur 1.4.

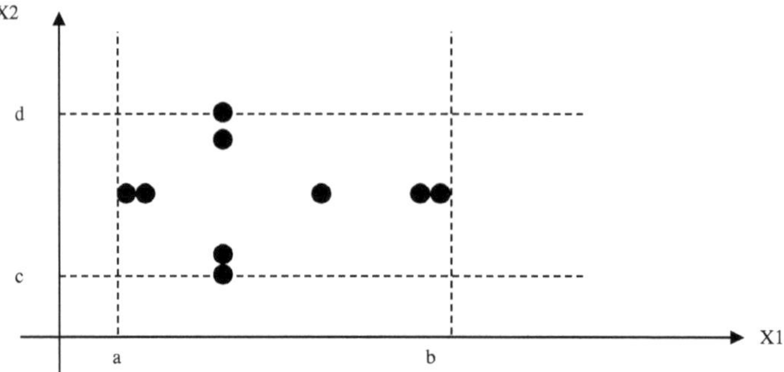

Figuur 1.4: Testgevallen voor grenswaardeanalyse voor een functie van twee variabelen

De bovenstaande figuur toont de interessante gebieden van grenswaarde-analysetests. Grenswaardeanalyse heeft geen zin voor Booleaanse variabelen omdat de extreme waarden voor deze variabelen WAAR en VALS zijn. Dus de andere drie slots (net boven de minimum, nominale waarde, net onder het maximum) kunnen niet worden gevuld voor grenswaarde-analyse. Boundary value analysis werkt goed in programma's waar het programma functioneert met verschillende onafhankelijke variabelen die een begrensd aantal fysieke grootheden vertegenwoordigen.

1.3.4 Oorzaak-gevolg grafiek

Het grote nadeel van bovenstaande twee technieken is dat ze elke input afzonderlijk beschouwen. Beide technieken richten zich niet op de combinatie van input die fouten slim detecteert, maar deze technieken richten zich op de condities en klassen van één input. Een "Oorzaak" in de oorzaak-gevolggrafiek komt overeen met een individuele invoervoorwaarde die een interne verandering in het systeem teweegbrengt en een "Effect" staat voor een uitvoervoorwaarde. In deze teststrategie worden eerst de invoercondities, de zogenaamde oorzaken, en hun actie, het zogenaamde effect, voor een module geïdentificeerd. Vervolgens wordt een oorzaak-gevolg grafiek ontwikkeld en wordt die grafiek omgezet in een beslissingstabel. Elke kolom van een beslissingstabel vertegenwoordigt een testcase. Als er n verschillende ingangscondities zijn en elke combinatie van de ingangscondities geldig is, dan komt het totaal aantal testcases uit op 2n. Oorzaak-gevolg grafiek selecteert combinaties van invoercondities op een systematische manier, zodat het aantal testcases niet onbeheersbaar groot wordt. Dus na het identificeren van de oorzaak en gevolgen, kan men voor elk effect de oorzaken identificeren die dat effect kunnen veroorzaken en hoe de conditie moet worden gecombineerd om het effect waar te maken. De condities worden gecombineerd met de Booleaanse operatoren "AND", "OR" en "NOT". Cause Effect graphing techniek genereert hoge opbrengst testgevallen en geeft inzicht in de functionaliteit van het systeem. Er zijn veel technieken beschikbaar om het aantal testgevallen te verminderen dat wordt gegenereerd door de juiste verplaatsing van de grafiek.

1.3.5 Paargewijs testen

Parameters zijn de beste manier van interactie met de softwaremodule. Er zijn veel parameters die het gedrag van software bepalen. Deze parameters kunnen verschillende waarden aannemen en voor sommige van de waarden kan de software niet goed werken. All-pairs testen of paarsgewijs testen is een op specificaties gebaseerde combinatorische testmethode, die vereist dat voor elk paar invoerparameters van een systeem (meestal een software-algoritme), elke combinatie van geldige waarden van deze twee parameters wordt gedekt door ten minste één testcase [Tai & Lei (2002)]. Paargewijs testen is een essentieel hulpmiddel geworden in de gereedschapskist van een softwaretester. Voor een complex systeem dat veel parameters heeft en elke parameter kan veel invoerwaarden hebben, is het hele combinatorische testen, d.w.z. alle combinaties van de invoerwaarden, niet mogelijk en zijn er praktische technieken nodig om het aantal testgevallen te verminderen. Bij het testen per paar moeten alle paren van waarden tijdens het testen worden uitgeoefend. Als er n parameters zijn, elk met m waarden, dan kan men tussen elke twee parameters m x m paren hebben. Het hoofddoel van paargewijs testen is om een set testgevallen te hebben die alle paren dekken als er n parameters zijn, een testgeval is een combinatie van waarden van deze parameters en zal (n-1)+(n-2)+...... =n(n-1)/2 paren dekken. In het beste geval, wanneer elk paar precies één keer door één testcase wordt gedekt, zijn er m2 verschillende testcases nodig om alle paren te dekken. Paargewijs testen is een praktische manier om grote softwaresystemen te testen die veel verschillende parameters hebben en waarvan de werking voor verschillende waarden wordt verwacht. Het is een praktische benadering voor het testen van softwaresystemen voor algemene doeleinden die naar verwachting op verschillende omgevingen zullen werken.

1.3.6 State-Based Testing

Het testen op basis van de staat is een functionele testtechniek. State Based Technique is anders dan grenswaarde en equivalentieklasse partitioneringstechniek omdat ze meer gerelateerd zijn aan de verschillende invoercombinaties en hun resultaat.

In elk systeem zal het een set van ingangen en bijbehorende acties hebben. De tests op basis van de staat maken hier gebruik van. U moet alle mogelijke geldige en ongeldige overgangen in het systeem identificeren en testen.

1. 1. Identificeer verschillende COMPONENTEN in het systeem

2. 2. Identificeer de verschillende mogelijke STATEN van deze componenten

3. 3. Identificeer de mogelijke ACTIE (d.w.z.: actie die een overgang van de ene staat naar de andere veroorzaakt)

4. Teken een toestandsdiagram op basis van deze

5. 5. Test alle geldige en ongeldige overgangen.

Bijvoorbeeld..: Bekijk het voorbeeld van de stapel.

Componenten: Stapel

Staten: Leeg, Vol, Vasthouden

Acties: Duwen, Pop

1.3.7 Structurele testen

Het functioneel testen heeft betrekking op de functie die het geteste programma geacht wordt te vervullen en heeft geen betrekking op de interne structuur van het programma dat verantwoordelijk is voor de daadwerkelijke uitvoering van die functie. Het structureel testen heeft betrekking op de functionaliteit van de te testen software en niet op de daadwerkelijke uitvoering van het programma. Structurele testen daarentegen hebben betrekking op het testen van de daadwerkelijke uitvoering van het programma. De bedoeling van deze tests is niet om alle verschillende input- of outputcondities uit te oefenen, maar om de verschillende programmeerstructuren en datastructuren die in het programma worden gebruikt, uit te oefenen.

1.3.8 Controle Flow Tests

Control-flow testing is een van de structurele testtechnieken die de controlestroom van het programma als model gebruiken. Control-flow testing is van toepassing op bijna alle software en is effectief voor de meeste software. Het is een fundamentele testtechniek. Het is meestal toepasbaar op relatief kleine programma's of segmenten van grotere programma's. Control-flow testing technieken zijn gebaseerd op het oordeelkundig selecteren van een set van testpaden door het programma. De gekozen set van paden wordt gebruikt om een bepaalde mate van grondigheid van testen te bereiken, bijvoorbeeld het kiezen van voldoende paden om te verzekeren dat elke bronvermelding minstens één keer wordt uitgevoerd. Control-flow testing is het meest van toepassing op nieuwe software voor unit testing. Control-flow bugs komen niet meer zo vaak voor als vroeger, omdat gestructureerde programmering en objectgeoriënteerde talen ze tot een minimum beperken.

De postulaties van Control-flow testen zijn

1) De specificaties zijn correct

2) De gegevens zijn gedefinieerd en goed toegankelijk

3) Er zijn geen andere bugs dan die welke de controlestroom beïnvloeden.

Fundamentele pad selectiecriteria zijn:

1. Zorg ervoor dat elke instructie in de routine ten minste één keer is uitgevoerd.

2. Elke beslissing is ten minste één keer in elke mogelijke richting genomen.

3. Een adequaat aantal wegen om dekking te bereiken.

4. Selectie van korte, functioneel zinvolle paden

5. Het minimaliseren van het aantal veranderingen van pad naar pad. Bij voorkeur slechts één verandering per keer.

6. Geef de voorkeur aan meer maar eenvoudigere paden dan aan minder en gecompliceerde paden.

7. Outline of Control Flow Based Testing:

8. Invoer in het testgeneratieproces

    a. Broncode

b. Selectiecriteria voor het pad: verklaring, tak, enz.

9. Opwekking van een regelstroomgrafiek (CFG)

a. Een CFG is een grafische weergave van een programma-eenheid.

b. Compilers worden aangepast om CFG's te produceren. (U kunt er één met de hand tekenen.)

10.Selectie van paden

a. Er worden voldoende entry/exit-paden geselecteerd om te voldoen aan de criteria voor het selecteren van paden.

11.Opwekking van testinvoergegevens

a. Twee soorten paden

i. Uitvoerbaar pad: Er bestaat invoer zodat het pad wordt uitgevoerd.

ii. Onuitvoerbaar pad: Er is geen invoer om het pad uit te voeren.

b. Los de padcondities op om testinput voor elk pad te produceren.

De stuurstroomgrafiek is een grafische weergave van de besturingsstructuur van een programma. Stroomdiagrammen bestaan uit drie primitieven.

1) Een beslissing is een programmapunt waarop de controle kan afwijken. Bv. als en case statements).

2) Een knooppunt is een programmapunt waar de regelstroom kan worden samengevoegd. (b.v., einde als, einde lus, goto label)

3) Een procesblok is een opeenvolging van programma-uitspraken die niet wordt onderbroken door beslissingen of door de code van een kruispunt, d.w.z. een rechtlijnige code.

Een proces heeft één ingang en één uitgang.

Een programma springt niet in of uit een proces.

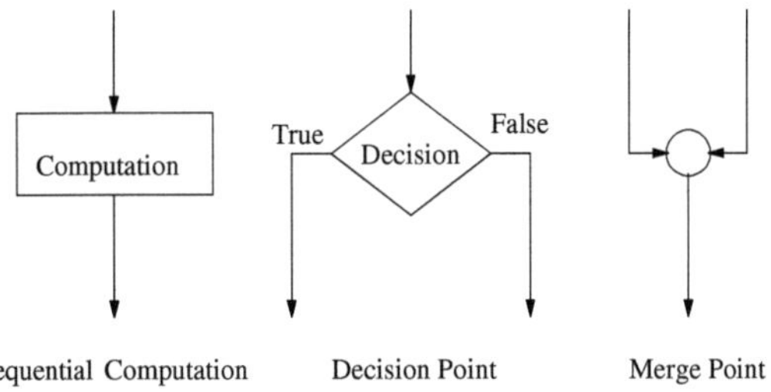

Figuur 1.5: Symbolen in een regelstroomgrafiek

1.3.9 Gegevensstroomtests

Het idee van data-flow testing laat de tester toe om variabelen in het hele programma te inspecteren om zo fouten te ontdekken. De data-flow testing is een vorm van structureel testen die een variant is op path testing. Het richt zich op het gebit en het gebruik van variabelen, in plaats van op de structuur van het programma. Met data-flow testing kan de tester de veranderende waarden van variabelen binnen het programma in kaart brengen. Het doet dit door gebruik te maken van het idee van een programmagrafiek. Data-flow testing is dus nauw verwant aan path testing, maar de paden in het programma zijn geselecteerd op variabelen. Data-flow testing kijkt naar de levenscyclus van een bepaald stuk van een variabele in een applicatie. Door te zoeken naar patronen van datagebruik kunnen risicovolle gebieden van code worden gevonden en kunnen er meer testgevallen op worden toegepast.

Er zijn vier manieren waarop gegevens kunnen worden gebruikt

1) Gedefinieerd,

2) Predicaat gebruik (pu),

3) Berekening gebruik (cu),

4) gedood.

Sommige patronen die gebruik maken van een stukje data in een predikaat logica nadat het is gedood, tonen een afwijking in de code, en dus de mogelijkheid van een bug.

1.3.9.1 Statische gegevensstroomtests

Bij statische data-flow testen wordt de broncode geanalyseerd zonder deze uit te voeren [Copeland (2004)].

Statische analyse laat de tester toe zich te concentreren op drie anomalieën [Jorgensen (2001)]:

1) Een variabele die gedefineerd is, maar nooit gebruikt wordt (verwezen).

2) Een variabele die wel wordt gebruikt maar nooit wordt gedefineerd.

3) Een variabele die twee keer wordt gedefineerd voordat hij wordt gebruikt.

1.3.9.2 Dynamische gegevensstroomtests

De belangrijkste focus van dynamische data-flow testen is het ontdekken van mogelijke bugs in het datagebruik tijdens de uitvoering van het programma. Om deze taak uit te voeren, worden testgevallen gecreëerd die elke definitie herleiden tot elk van zijn gebruik en elk gebruik wordt herleid tot elke definitie. Voor het maken van de testcases worden verschillende strategieën gebruikt [Rapps Sandra & Elaine Weyuker (1982)], [Parrish & Zweben (1995)]. Bij dynamische data-flow testen zijn de paden door het programma geselecteerd op basis van de locaties en eigenschappen van verwijzingen naar variabelen binnen de programmacode, een programma kan worden onderzocht op de manier waarop de variabelen worden beïnvloed tijdens het uitvoeren van het programma met een aantal testgegevens.

Er zijn twee vormen van optreden van variabelen in een programma

1) Definitie voorvallen

2) Gebruik voorvallen.

Er is sprake van een definitie van een variabele wanneer aan die variabele een bepaalde waarde wordt toegekend. Bijvoorbeeld a=5, hier wordt de variabele "a" gedefinieerd met de waarde 5. Een gebruik van een variabele vindt plaats wanneer de waarde van die variabele in het programma wordt gebruikt. Bijvoorbeeld in het statement zoals print "a", wordt hier de waarde van de variabele "a" gebruikt om op een bepaald moment een waarde af te drukken.

Er zijn twee soorten gebruiksvoorvallen

1) Voorvallen van computergebruik.

2) Predicaat gebruik.

Een rekenkundig gebruik van een variabele komt voor wanneer de waarde van de variabele wordt gebruikt om de waarde van andere variabelen te berekenen. Bijvoorbeeld a=b+3. Hier wordt variabele "b" gebruikt om de waarde van variabele "a" te berekenen. Een predikaat gebruik voorkomen van een variabele is waar de waarde van de variabele wordt gebruikt om een beslissing te nemen (waar/onwaar) die het onmiddellijke executiepad bepaalt. Een def-use-pair is een paar definitievoorkomens en gebruiksvoorkomens van een variabele die kan worden gekoppeld door een pad dat geen andere definitievoorkomens van dezelfde variabele bevat.

Het criterium voor alle definities is een criterium voor de dekking van de test, dat vereist dat een adequate testset alle voorvallen van de definitie omvat en dat de testpaden voor elk voorval van de definitie een pad moeten bestrijken waarlangs de definitie tot een gebruik van de definitie leidt. Voor alle gebruikscriteria geldt dat alle vormen van gebruik van een definitie moeten worden bestreken.

Het criterium van het alles-gebruik is sterker dan het criterium van de alles-definities. Het sterkste criterium is het criterium van alle definitie-gebruikspaden, dat vereist dat alle mogelijke definitie-gebruikspaden die ofwel cyclusvrij zijn ofwel slechts eenvoudige cycli hebben, worden bestreken. Een eenvoudige cyclus is een pad waarbij alleen het eindknooppunt en het beginknooppunt hetzelfde zijn.

Er zijn veel belangrijke gedragingen die gepaard gaan met het testen van de software, zoals

1) Het vinden van een paddekking voor een bepaald testcriterium

2) het genereren van testgegevens om te voldoen aan de paddekking,

3) Testuitvoering met behulp van de testgegevens en de geteste software en

4) Evaluatie van de testresultaten.

Er zijn een aantal technieken voor het genereren van testgegevens ontwikkeld.

1.4 Productgebaseerde en Servicegebaseerde organisaties

Wat is een "Product" en wat is een "Dienst"? Om deze vragen te beantwoorden, laten we dit verschil begrijpen aan de hand van een voorbeeld. Apple Inc is een productbedrijf dat verschillende producten produceert, zoals iPhone, iPad, MacBook, enz. Zij produceren het product en houden het op voorraad, voordat de klant het nodig heeft. Tegelijkertijd is er een bedrijf met de naam iCracked dat een servicebedrijf is. Het repareert appelproducten op verzoek van de klant. Dus, Apple Inc is een productbedrijf, terwijl iCracked een servicebedrijf is. Enkele andere voorbeelden van servicebedrijven zijn TCS, Habib saloon, tailoring, etc. en enkele voorbeelden van productbedrijven zijn Google, Motorola, Dell, tinytoons, John Miller, Madame etc.

Dus, in het algemeen, Product Based Organization (i) Organisatie die een eigen product hebben om te promoten / verkopen (ii) Een eigen ontwikkelingsteam hebben, en (iii) Specifieke rollen en technologie. Waar Service Based Organization (i) Organisatie die geen eigen product hebben, werken zij voor andere organisaties / klanten (ii) Hebben een eigen ontwikkelteam (iii) Werken voor andere/individuele klanten/organisaties (iv) Rollen zijn over het algemeen niet specifiek en technologie ook niet.

Het testen vormt een belangrijk onderdeel van de levenscyclus van de softwareontwikkeling (SDLC). De reden waarom veel organisaties falen is echter het feit dat ze het testen als één geheel - een fase - scheiden. Wanneer het testen als slechts een 'fase' wordt behandeld, lijdt de implementatie van deze bedrijfskritische taak daaronder. Organisaties proberen allerlei soorten testen te combineren en proberen hun product op alle mogelijke gebieden te testen aan het einde van de ontwikkelingscyclus. Dit wordt natuurlijk beïnvloed door de dreigende deadlines van de productlancering, maar ook door andere drukken waardoor het testen niet onfeilbaar is. Een product dat niet volledig getest is, zal natuurlijk niet robuust zijn. Er zal altijd twijfel blijven bestaan over de veiligheid, de prestaties en de functionaliteit. Wat kunnen deze organisaties dan doen om hun testproces te verbeteren? Het antwoord is eigenlijk vrij eenvoudig.

In plaats van te proberen de tester te overbelasten om te testen op volledigheid vlak voor de lancering van het product, plant u uw testgerelateerde activiteiten. Om ervoor te zorgen dat het testen beter en sneller verloopt, moet het automatisch gebeuren. Dus productgebaseerde bedrijven moeten zich richten op het maken van het testen op een betere manier. In dit werk is een poging gedaan om de testgevallen voor programma's automatisch te genereren met behulp van genetische algoritmen en ook om het hele proces van het testen automatisch te maken door een nieuw model voor te stellen.

1.5 Evolutionaire testen

Om softwaretests met behulp van evolutionaire algoritmen te automatiseren, moet het testdoel zelf worden omgezet in een optimalisatietaak. Een numerieke weergave van het testdoel is noodzakelijk, waaruit een geschikte geschiktheidsfunctie voor de evaluatie van de gegenereerde testgegevens kan worden afgeleid. Afhankelijk van welk testdoel wordt nagestreefd, ontstaan verschillende fitnessfuncties voor de evaluatie van de testgegevens. Indien een geschikte fitnessfunctie kan worden gedefinieerd voor het testdoel, en evolutionaire berekening wordt toegepast als zoektechniek, dan gaat de Evolutionaire Test als volgt te werk.

De initiële set van testgegevens wordt gegenereerd, meestal willekeurig. Als de testgegevens door een eerdere systematische test zijn verkregen, kan deze in principe ook als initiële populatie worden gebruikt, [Wegener et al. (1996)]. De Evolutionaire Test zou dus kunnen profiteren van de kennis van de tester over het geteste systeem. Elk individu binnen de populatie vertegenwoordigt een testdatum waarmee het geteste systeem wordt uitgevoerd. Voor elk testnulpunt wordt de uitvoering bewaakt en de conditiewaarde bepaald voor het betreffende individu. Vervolgens worden testgegevens met een hoge fitnesswaarde met een hogere waarschijnlijkheid geselecteerd dan die met een lagere waarde en worden ze onderworpen aan combinatie- en mutatieprocessen om nieuwe nakomelingen testgegevens te genereren. Het is belangrijk dat de gegenereerde testgegevens zich in het invoerdomein van het testobject bevinden. Het belangrijkste idee achter evolutionaire testen is de combinatie van interessante testgegevens om nakomelingentestgegevens te genereren die echt voldoen aan de testdoelstellingen. De nakomelingentestgegevens worden geëvalueerd door het geteste systeem uit te voeren. Een nieuwe populatie van testgegevens wordt gevormd door nakomelingen en ouderdieren samen te voegen volgens de vastgelegde overlevingsprocedures. Vanaf hier herhaalt het proces zich, beginnend met de selectie totdat het testdoel is bereikt of een andere gegeven stopconditie is bereikt.

Evolutionaire testen kunnen worden samengevat als het volgende algoritme:

TestCaseGeneratie()

    allTargets = doelen (programUnderTest);

    initialPop = generateInitialPop(popSize);

    curpop = initpop;

    terwijl Not isEmpty(allTargets)

        p = selectTarget(allTargets);

        poging = 0;

        terwijl niet gedekt(p) en pogingen < maxAttempts

        testCases in curPop   uitvoeren;

            update allTargets;

            indien gedekt(p)

                onderbreking;

            reken fitness[p] voor testgevallen in curPop

haal newPop uit curPop volgens fitness[p]

cross-over newpop;

newPop   muteren;

curPop = newPop;

pogingen = pogingen + 1;

einde;

einde;

einde;

Samenvatting

In dit hoofdstuk is het testen van software gedefinieerd. Het belang van het testen van software in de totale ontwikkeling van software is meer, omdat het maximale inspanningen vergt met betrekking tot tijd en kosten. Het handmatig genereren van testgevallen volgens de geschiktheidscriteria kost meer tijd. Het is dus nodig om dit proces automatisch te laten verlopen. Er is een aantal technieken beschikbaar om dit proces te automatiseren, zoals Random testen, Anti-Random testen etc. Dit hoofdstuk vat ook een aantal geschiktheidscriteria voor het testen van software samen, evenals hoe men de gegenereerde testcases op SUT kan uitvoeren om het beste van het testen van software te krijgen.

2.1 Economische aspecten van het testen

Hoogwaardige software kan niet zonder hoogwaardige testen. Het testen van software is een ultiem obstakel voor de uiteindelijke release van softwareproducten. Methodologieën zoals extreem programmeren hebben de nadruk gelegd op de kwaliteit van software en naarmate de complexiteit van veel softwareprojecten toeneemt, worden softwareontwikkelingsprocessen gedwongen tot meer testen en kwaliteitsborging. Het testen van software is ook een primaire kostenfactor in de totale constructie van softwareproducten. Enerzijds zijn modelgebaseerde testtechnieken nieuwe testmethoden die gericht zijn op het verhogen van de betrouwbaarheid van softwareproducten en het verlagen van de kosten door het automatisch genereren van een testsuite uit een formeel gedragsmodel van een systeem. Anderzijds vertegenwoordigt de architectonische specificatie van een systeem een bruto structureel en gedragsmatig aspect van een systeem op het hoge abstractieniveau. Formele architectonische specificaties van een systeem hebben ook beloften getoond om fouten te detecteren tijdens de software back-end ontwikkeling. Het ontwikkelen en testen van softwaregebaseerde systemen is een essentiële activiteit voor de automobielindustrie. Op software gebaseerde systemen met verschillende complexiteiten en ontwikkeld door verschillende leveranciers worden geïnstalleerd in de hedendaagse premium voertuigen, die met elkaar communiceren via verschillende bussystemen. De integratie en het testen van dit soort complexe systemen is een uiterst moeilijke taak. Het hoofddoel van het testen is het opsporen van fouten in de geteste systemen en het vertrouwen in de goede werking van de systemen over te brengen als er tijdens het testen geen fouten worden gevonden. Fouten die niet in de verschillende testfasen worden gevonden, kunnen grote gevolgen hebben die variëren van ontevredenheid bij de klant tot schade aan fysieke eigendommen of, op veiligheidsrelevante gebieden, zelfs tot het in gevaar brengen van mensenlevens. Daarom is het grondig testen van ontwikkelde systemen essentieel. Evolutionair testen probeert de effectiviteit en efficiëntie van het testproces te verbeteren door testdoelstellingen om te zetten in zoekproblemen en door evolutionaire berekeningen toe te passen om deze op te lossen [Reza & Lande (2010). *Te weinig testen is een misdaad - te veel testen is een zonde"*. Het risico van te weinig testen wordt direct vertaald in systeemdefecten die in de productieomgeving aanwezig zijn. Het risico van overmatig testen is het onnodig gebruik van waardevolle middelen bij het testen van systemen die geen of zeer weinig defecten hebben.

De meeste problemen in verband met testen komen voort uit een van de volgende oorzaken:

a) Het niet definiëren van testdoelstellingen,

b) Testen in de verkeerde fase van de cyclus,

c) Gebruik van ondoeltreffende testtechnieken.

Het belangrijkste doel van het testen is het leveren van kwaliteitssoftware. De kosten van kwaliteit zullen drie componenten hebben [Humphrey (1997)], namelijk de faalkosten, de taxatiekosten en de preventiekosten. Het testen vervult een zeer kritische rol voor het waarborgen van de kwaliteit van de software. Het testen van software is de meest gebruikte techniek om aan te tonen dat de software zijn verwachte taak vervult. Bij het testen van software zal men de werkelijke output controleren met de verwachte output. Als beide gelijk zijn, dan is het gedrag van de software in het normale testproces anders moet het testproces worden herzien. Bij het testen van software wordt de software uitgevoerd met een set van testcases en wordt het gedrag van het systeem voor de testcases geëvalueerd om op te lossen of het systeem presteert zoals verwacht. Het succes van het testen bij het aan het licht brengen van fouten is sterk afhankelijk van de testcases. Het proces van testen omvat het kiezen van testgegevens uit het invoerdomein van het programma, het uitvoeren van het programma op deze testgegevens en het vergelijken van de werkelijke output met de verwachte output. Het testen van de complete set van input zou de volledige weergave van de prestaties en functionaliteit van het programma opleveren. De complete set van invoer van een programma is meestal te groot, zodat het onmogelijk is om het voor iedereen te testen. De uitputtende testers vindt u wel, maar de uitputtende testen niet. Dus de modus operandi van de redelijke software testen is het optimaliseren van de set van de input door het selecteren van relatief kleine subset, die het gehele inputdomein zal vertegenwoordigen en het verwachte gedrag van het programma op deze set van input wordt dan gebruikt om het gedrag te verwachten in het algemeen. De testingang moet zo worden gekozen dat bij het uitvoeren van het programma op deze ingangsset alle fouten aan het licht komen. Dus elk programma dat zich nauwkeurig gedraagt voor een kleine ingangsset zal zich nauwkeurig gedragen voor elke ingangsset in de complete ingangsset. Een overweldigende meerderheid van de programma's die tegenwoordig geschreven worden, verwerken gegevens. Programmeertaalparadigma's maken gebruik van het concept van variabelen. Variabelen worden gezien als de belangrijkste gebieden waarop een programma structureel kan worden getest. Tal van variabelen in het programma kunnen samen worden gebruikt om de waarden van andere variabelen te berekenen. Variabelen kunnen hun waarden ontvangen van andere bronnen zoals menselijke interactie via een toetsenbord. Dit verhoogt de complexiteit en kan leiden tot fouten in de programma's. De waarde van variabelen kan op een onverwachte manier worden gewijzigd.

2.2 Grondbeginselen van het testen van software

Het basisdoel van het testen van de software is het opsporen van fouten die in het programma aanwezig kunnen zijn. De concentratie in het testen moet dus niet beginnen met de bedoeling om aan te tonen dat een programma perfect werkt, maar de bedoeling moet aan de negatieve kant zijn, d.w.z. om aan te tonen dat een programma niet perfect werkt. De primaire oorzaak van het slecht testen van programma's is het feit dat de meeste programmeurs beginnen met de valse definitie van de term. Ze zouden kunnen zeggen "Testen is het proces om aan te tonen dat er geen fouten in het programma aanwezig zijn" of "Het doel van testen is om aan te tonen dat een programma zijn beoogde functie correct uitvoert" of "Testen is het proces om vertrouwen te krijgen dat een programma doet wat het geacht wordt te doen". Deze definities zijn ondersteboven. Een meer toepasselijke definitie voor het testen van software is dat "Testen is het proces van het uitvoeren van een programma met de bedoeling om fouten te vinden" [Myers (1979)]. Er zijn twee fundamentele strategische kwesties waar softwaretestontwerpen rekening mee moeten houden: het ene is het probleem om te definiëren wanneer een testcase een nauwkeurige uitkomst heeft opgeleverd of een fout heeft aangetoond. Dit staat bekend als het orakelprobleem. Het andere is het probleem dat het zelden praktisch is om het volledige scala aan mogelijke in- en uitgangen te testen voor een bepaalde softwaretoepassing in de echte wereld. De standaard aanpak van dit probleem is het gebruik van enkele technieken om het bereik van de in- en uitgangen van de testcase te beperken tot een representatief en hanteerbaar aantal. De uitdagende taak van het testen van software is het gebruik maken van beperkte testmiddelen voor het selecteren van testcases die effectief falen detecteren.

2.3 Belang van het testen

Uitgebreid testen kan alleen worden uitgevoerd door een automatisering van het geclaimde testproces [Staknis (1990)]. De voordelen zijn reductie in tijd, inspanning, arbeid en kosten voor het testen van software. Geautomatiseerde testtools bestaan over het algemeen uit een *instrumentator*, een *testharnas* en een *testdatagenerator*.

Statische analyse-instrumenten analyseren de geteste software zonder de code handmatig of automatisch uit te voeren. Het is een beperkte analysetechniek voor programma's die array-referenties, aanwijsvariabelen en andere dynamische constructies bevatten. Experimenten tonen aan dat dit soort evaluatie van code-inspecties (visuele inspecties) zeer effectief zijn in het vinden van 30% tot 70% van de logische ontwerp- en codeerfouten in een typische software, [DeMillo et al. (1987)]. *Symbolische uitvoering* en *evaluatie* is een typisch statisch hulpmiddel voor het genereren van testgegevens.

Veel geautomatiseerde testdatageneratoren zijn gebaseerd op symbolische uitvoering, [Howden (1977)], [Ramamoorthy (1976)]. Symbolische uitvoering geeft een functionele representatie van het pad in een programma en kent symbolische namen toe aan de invoerwaarden en evalueert een pad door de uitspraken en predikaten op het pad te interpreteren in termen van deze symbolische namen, [King (1976)]. De symbolische uitvoering vereist de systematische afleiding van deze uitdrukkingen, die meer rekenkundige inspanning vereisen. De waarden van alle variabelen worden gehandhaafd als algebraïsche uitdrukkingen in termen van symbolische namen. De waarde van elke programmavariabele wordt op elk knooppunt van een stroomgrafiek bepaald als een symbolische formule (uitdrukking) waarvoor de enige onbekende de programma-invoerwaarde is. De symbolische uitdrukking voor een variabele draagt voldoende informatie met zich mee dat, als er numerieke waarden aan de invoer worden toegekend, er een numerieke waarde voor de variabele kan worden verkregen, dit wordt symbolische evaluatie genoemd. De kenmerken van de symbolische uitvoering zijn:

- Symbolische uitdrukkingen worden gegenereerd en tonen de noodzakelijke vereisten om een bepaald pad of een bepaalde tak uit te voeren, [Clarke (1976)]. Het resultaat van de symbolische uitvoering is een set van gelijkheids- en ongelijkheidsbeperkingen op de invoervariabelen; deze beperkingen kunnen lineair of niet-lineair zijn en een subset van de invoerruimte definiëren die zal leiden tot de uitvoering van het gekozen pad.

- Als de symbolische expressie kan worden opgelost, dan is het testpad haalbaar. En de oplossing komt overeen met een set invoergegevens die het testpad zal uitvoeren. Als er geen oplossing kan worden gevonden, dan is het testpad niet haalbaar.

- Het manipuleren van algebraïsche uitdrukkingen is rekenkundig duur, vooral wanneer deze op een groot aantal paden worden uitgevoerd.

- Veel voorkomende problemen zijn variabele afhankelijke luscondities, input variabele afhankelijke array (soms is de waarde alleen bekend tijdens de looptijd) referentie-abonnementen, module-oproepen en wijzers, [Korel (1990)].

- Deze problemen vertragen de succesvolle toepassing van de symbolische uitvoering, vooral als er veel beperkingen moeten worden gecombineerd, [Lafaard (1988)] en [Gallagher (1993)].

Sommige programmafouten worden gemakkelijk geïdentificeerd door de symbolische output van een programma te onderzoeken als het programma verondersteld wordt een wiskundige formule te berekenen. In dit soort gevallen hoeft de uitvoer alleen maar te worden gecontroleerd aan de hand van de formule om te zien of ze overeenkomen.

In tegenstelling tot *statische analyse* worden bij *dynamische* testtools de geteste software uitgevoerd en wordt er gebruik gemaakt van de feedback van de software (verkregen door middel van instrumentatie) om testgegevens te genereren. Er worden voorzorgsmaatregelen genomen om ervoor te zorgen dat deze aanvullende instructies geen enkele invloed hebben op de logica van de oorspronkelijke software. Een vertegenwoordiger van deze methode wordt beschreven door [Gallagher *et al.* (1993)] die met behulp van instrumentatie informatie over de toestand van verschillende variabelen, pad-predicaten en testdekking terugkoppelde naar het systeem voor het genereren van testgegevens. Een straffunctie evalueert hoe goed de huidige testdata is ten opzichte van het takpredicaat, door middel van een beperkingswaarde van het takpredicaat. Er zijn drie soorten testdatageneratoren; *pathwise*, *dataspecificatie* en *random testdatagenerator*.

Willekeurig testen is de eenvoudigste techniek voor het genereren van testgegevens. Het zou kunnen worden gebruikt om gegevens te genereren voor elk type programma, aangezien elk gegeven een reeks bits is. Maar steekproefsgewijs testen doet het meestal niet goed in termen van dekking, aangezien het zich slechts op waarschijnlijkheid baseert. Het heeft vrij lage kansen in het vinden van semantisch kleine fouten [Offutt & Hayes (1996)], en bereikt zo een hoge dekking. Een fout die slechts door een klein percentage van de programma-input wordt onthuld, wordt een semantisch kleine fout genoemd. Bijvoorbeeld in de volgende code:

```
void function1(int x, int y)

{
        als (x ==y)
                print ("EEN");          // verklaring 1
        anders
                druk ("NUL");           // verklaring 2
}
```

De waarschijnlijkheid dat *verklaring 1 wordt* uitgevoerd is 1/n, waarbij n het maximale gehele getal is, want om *verklaring 1* uit te voeren moeten zowel x als y hetzelfde zijn. Dus willekeurige testen kunnen dit soort testgegevens met zeer weinig waarschijnlijkheid genereren.

De verdeling van de geselecteerde invoergegevens moet dezelfde waarschijnlijkheidsverdeling hebben als bij werkelijk gebruik (operationeel profiel of verdeling die optreedt tijdens het werkelijke gebruik van de software) om de operationele betrouwbaarheid in te schatten [Taylor (1989)], [Ould (1991)] & [Duran (1981)].

"Fouten maken is menselijk; de fout snel vinden & corrigeren is goddelijk" [Shingo Shigeo (1986)]. Tijdens elke fase van de z/w ontwikkeling is de kans dat er fouten worden geïntroduceerd in overvloed aanwezig. Zo ontstaat de behoefte aan verificatie van de producten van de Z/W ontwikkeling. Dus

a) S/W testen is een proces van het uitvoeren van een programma met de bedoeling om fouten te vinden [Myers (1979)].

b) Een goede testcase is een case die een grote kans heeft om een nog niet ontdekte fout te vinden;

c) Een geslaagde test is een test die een nog niet ontdekte fout aan het licht brengt; &

d) Testen is het proces om aan te tonen dat de S/W correct werkt [Prasad (2006)].

Testen wordt gedaan omdat programmeurs menselijk zijn, en menselijk is om zich te vergissen, dit is een waar feit in het domein van software en softwaregestuurde systemen. Fouten hebben de neiging om zich voort te planten; een vereistefout kan tijdens het ontwerp worden versterkt en tijdens het coderingsproces nog meer worden versterkt. Een fout is het resultaat van een fout. Het is nauwkeuriger om te zeggen dat een fout de weergave van een fout is, waarbij de weergave de wijze van uitdrukken is, zoals verhalende tekst, dataflowdiagram, hiërarchieschema's en broncode. Een fout treedt op wanneer een fout wordt uitgevoerd. Een incident is het symptoom van een storing dat de gebruiker waarschuwt voor het optreden van de storing. Een test is het oefenen van software met testgevallen. Testcase neemt een centrale plaats in bij het testen [Paul Jorgensen (2010)].

Bij willekeurig testen worden de testgegevens willekeurig uit het invoerdomein geselecteerd en vervolgens wordt het programma met deze testgevallen getest. De automatische productie van willekeurige testgegevens, afkomstig van een uniforme verdeling, zou de standaardmethode moeten zijn waarmee andere systemen moeten worden beoordeeld, [Ince (1987)].

De verdeling van de geselecteerde invoergegevens moet dezelfde waarschijnlijkheidsverdeling hebben als bij feitelijk gebruik, om de operationele betrouwbaarheid in te schatten, [Taylor (1989)].

Er is niet veel verschil tussen partitionering en random testen wat betreft het vinden van fouten, [Hamlet en Taylor (1990)]. Hamlet heeft aangetoond dat steekproefsgewijs testen superieur is aan het testen van partities met betrekking tot menselijke inspanning, vooral met meer partities en als er vertrouwen nodig is. Voor een klein aantal subdomeinen zullen partitietesten beter presteren dan steekproefsgewijs testen.

Willekeurige getalgeneratoren zijn niet effectief omdat ze zelden de noodzakelijke dekking van het programma bieden, [Deason [1991]].

Veel fouten zijn echter gemakkelijk te vinden, maar het probleem is om te bepalen of een testrit is mislukt. Daarom is een automatische controle van de uitvoer essentieel om grote aantallen tests uit te voeren. [Duran en Ntafos (1984) en Duran (1981)] zeiden ook dat het testen van partities duurder is dan het uitvoeren van een equivalent aantal willekeurige tests, wat kosteneffectiever is omdat er alleen een willekeurige getallengenerator en een kleine hoeveelheid softwareondersteuning voor nodig is.

De verandering van het bereik voor willekeurige testen heeft een groot effect, [Duran en Ntafos [1984]]. Verder noemden ze een nadeel van steekproefsgewijs testen, namelijk het voldoen aan moeilijk te genereren gelijkheidswaarden.

Het voordeel van steekproefsgewijs testen is normaal gesproken dat het meer belastend is voor het geteste programma dan de met de hand geselecteerde testgegevens, maar aan de andere kant mogen willekeurige inputs nooit beide takken van een predikaat uitoefenen dat de gelijkheid test, [Moranda [1978], Bertolino [1991]]]. Zelfs in het geval dat steekproefsgewijs testen goedkoper is dan partitietesten, kan het kleine voordeel van steekproefsgewijs testen worden gecompenseerd door meer steekproefsgewijze testen te gebruiken en is er geen zekerheid dat volledige dekking kan worden verkregen, bijvoorbeeld als er gelijkheid tussen variabelen nodig is. Ten tweede kan het betekenen dat de output van duizenden tests moet worden onderzocht.

Willekeurig testen werd vooral aanbevolen voor de laatste testfase van software [Tsoukalas (1993)] en [Girard en Rault (1973)].

Het is aan te bevelen een gemengde eindtest uit te voeren, te beginnen met steekproeven, gevolgd door een speciale waardebeproevingsmethode (om uitzonderlijke gevallen te behandelen) [Duran en Ntafos (1984)]. Ince meldde dat random testen een relatief goedkope methode is om initiële testgegevens te genereren.

2.4 Test- en debugging-uitdagingen

Redeneren over de algemene kwaliteit van een systeem kan moeilijk zijn. Stel dat een systeem een bepaalde gegevenswaarde A accepteert, en dat het gebruikersprofiel voor dit systeem aangeeft dat de gebruiker waarschijnlijk waarden in het bereik $10 < A < 90$ *zal* gebruiken. Het testproces kan twee testgevallen genereren die A als 20 en 80 specificeren. Als beide testcases slagen, is het niet noodzakelijkerwijs waar dat testcases slagen voor alle waarden van A. Ook als beide testcases falen, is het niet noodzakelijkerwijs waar dat testcases falen voor alle waarden van A. Aanvullende tests met behulp van vergelijkbare, maar verschillende, testcases om nauwkeuriger de gebruiksscenario's te identificeren die fouten veroorzaken en de scenario's die geen fouten veroorzaken, kunnen nodig zijn om de redenering over de algemene kwaliteit van het softwareproduct te ondersteunen. Daarnaast kan het in de situatie dat er tijdens het testen van het systeem fouten worden waargenomen, nodig zijn om meer testen uit te voeren om de aard en de locatie van de fout(en) die de fouten hebben veroorzaakt nauwkeurig te bepalen, zodat de ontwikkelaars de fout kunnen vinden en repareren. Dit find-and-fix proces wordt "debugging" genoemd. Volgens [Myers (1979)] is "van alle software-ontwikkelingsactiviteiten het debuggen de meest geestelijk belastende activiteit". Deze uitspraak is vandaag de dag vaak waar en kan de bron zijn van problemen met de kwaliteit van de software. Testgevallen die mislukkingen aan het licht brengen zijn vaak verschillend van elkaar, de testresultaten geven vaak weinig informatie over de oorzaak van de mislukking en of een vergelijkbaar scenario op een vergelijkbare manier zou mislukken. Zonder aanvullende informatie, en met beperkte ontwikkelingsmiddelen, kunnen ontwikkelaars in de verleiding komen om een kleine patch op de software toe te passen om de storing te omzeilen in plaats van de analyses uit te voeren die nodig zijn om het volledige begrip en de correctie van de problemen die de storingen hebben veroorzaakt, te ondersteunen. Een competitieve mentaliteit van "ontwikkelaars versus testers" bestaat vaak tijdens het testen. Omdat voor het debuggen aanvullende informatie nodig is over het gebruik van het systeem en het uitvoeren van aanvullende testen, moet deze mentaliteit, zodra er fouten optreden en het systeem moet worden gecorrigeerd, overgaan op "ontwikkelaars *en* testers versus het systeem" om het debuggen te vergemakkelijken. Ontwikkelaars hebben vaak de steun van de testers nodig tijdens het debuggen, omdat de ontwikkelaars misschien niet de nodige testmiddelen hebben om extra systeemniveau-tests uit te voeren, of aanvullende informatie over het gebruik van het systeem. Zoals beschreven door [Zeller (2001)], "Testen is een andere manier om kennis over een programma te verzamelen, omdat het de omstandigheden die niet relevant zijn voor een bepaalde mislukking helpt uit te wissen. Als uit het testen blijkt dat bijvoorbeeld slechts drie van de 25 gebruikersacties relevant zijn, kan men zijn zoektocht naar de hoofdoorzaak van de storing richten op de programmaonderdelen die bij deze drie acties horen. Men kan het zoekproces automatiseren, des te beter." Deze beschrijving komt overeen met de vaak gebruikte inductiebenadering van debugging zoals beschreven door [Myers (1979)]. De inductiebenadering begint met het lokaliseren van al het relevante bewijs met betrekking tot correcte en onjuiste systeemprestaties. Zoals opgemerkt door [Myers (1979)], *"waardevolle aanwijzingen worden gegeven door soortgelijke, maar verschillende, testgevallen die niet de oorzaak zijn van de symptomen"*. Het is ook nuttig om gelijkaardige, maar verschillende testgevallen te identificeren die *wel de* symptomen doen verschijnen.

2.5 Optimalisatie van testgevallen

Het testen van software is de meest gebruikte techniek om aan te tonen dat de software zijn verwachte taak vervult. Het testproces omvat het kiezen van testgegevens uit het invoerdomein van het programma, het uitvoeren van het programma op deze testgegevens en het vergelijken van de werkelijke output met de verwachte output. Het testen van de complete set van input zou de volledige weergave van de prestaties en functionaliteit van het programma opleveren. De complete set van invoer van een programma is meestal te groot, zodat het onmogelijk is om het voor iedereen te testen. De uitputtende testers vindt u wel, maar de uitputtende testen niet. Dus de modus operandi van de redelijke software testen is het optimaliseren van de set van de input door het selecteren van relatief kleine subset, die het gehele inputdomein zal vertegenwoordigen en het verwachte gedrag van het programma op deze set van input wordt dan gebruikt om het gedrag te verwachten in het algemeen. De testingang moet zo worden gekozen dat bij het uitvoeren van het programma op deze ingangsset alle fouten aan het licht komen. Dus elk programma dat zich nauwkeurig gedraagt voor een kleine ingangsset zal zich nauwkeurig gedragen voor elke ingangsset in de complete ingangsset.

Een overweldigende meerderheid van de programma's die tegenwoordig worden geschreven, verwerken gegevens. Programmeertaalparadigma's maken gebruik van het concept van variabelen. Variabelen worden gezien als de belangrijkste gebieden waarop een programma structureel kan worden getest. Tal van variabelen in het programma kunnen samen worden gebruikt om de waarden van andere variabelen te berekenen. Variabelen kunnen hun waarden ontvangen van andere bronnen zoals menselijke interactie via een toetsenbord. Dit verhoogt de complexiteit en kan leiden tot fouten in de programma's. De waarde van variabelen kan op een onverwachte manier worden gewijzigd.

2.6 Genetische algoritmen

Een genetisch algoritme is een vorm van evolutie die op een computer plaatsvindt. Het zijn zoekmethoden die zowel voor het oplossen van problemen als voor het modelleren van evolutionaire systemen kunnen worden gebruikt. De Darwinistische evolutietheorie stelt biologische systemen voor als het product van het voortdurende proces van natuurlijke selectie. Evenzo stellen genetische algoritmen ingenieurs in staat om een computer te gebruiken om oplossingen in de loop van de tijd te laten evolueren, in plaats van ze met de hand te ontwerpen. Forrest heeft eerst de werking van het genetische algoritme uitgelegd en vervolgens de toepassing ervan als probleemoplosser en voor het maken van modellen besproken [Forrest 1993]. Met behulp van verschillende cartografische technieken en een passende mate van fitheid kan een genetisch algoritme op maat worden gemaakt om een oplossing te ontwikkelen voor vele soorten problemen, waaronder het optimaliseren van een functie of het bepalen van de juiste volgorde van een sequentie. Ze besprak het gebruik van genetische algoritmen in het modelleren van ecologische systemen, immuunsystemen en sociale systemen. Mathematische analyse van genetische algoritmen met behulp van de Nederlandse schemertheorie en bouwsteenhypothese is ook besproken in het artikel.

David Goldberg legde de genetische algoritmen en evolutionaire algoritmen uit als familie van computationele methoden in Darwinistische Evolutie. Genetische algoritmen zijn zoekprocedures gebaseerd op natuurlijke selectie en genetica. Een eenvoudig genetisch algoritme bestaat uit selectie, crossover en mutatie. Selectie is survival of fittest binnen het genetische algoritme. Het sleutelbegrip van selectie is het geven van voorkeur aan betere individuen. De ontwerpmethodologie van het genetisch algoritme is sterk afhankelijk van de Nederlandse notie van schema's en bouwstenen. Hij benadrukte dat genetische algoritmen het meest geschikt zijn voor een breed scala aan toepassingen omdat ze harde problemen snel en betrouwbaar kunnen oplossen. Genetische algoritmen zijn uitbreidbaar, gemakkelijk te hybridiseren en eenvoudig te koppelen aan bestaande simulaties en modellen [Goldberg (1994)].

Goldberg heeft ook de elementen van genetische algoritmen bekeken en de mechanica van genetische algoritmen beschreven in zijn werk [Goldberg 2000]. Hij ontwikkelde de fundamentele intuïtie van genetische algoritmen of innovatie-intuïtie. Volgens hem,

$$\text{Selectie} + \text{Mutatie} = \text{Continue verbetering}$$

$$\text{Selectie} + \text{Recombinatie} = \text{Innovatie}$$

Hij besprak ook de technische lessen van het ontwerpen van genetische algoritmen. Het primaire idee van selecto-recombinatieve genetische algoritme theorie is dat genetische algoritmen werken via een mechanisme van quasi-decompositie en recompositie. Genetische algoritmen identificeren impliciet bouwstenen of subassemblages van goede oplossingen en recombineren verschillende subassemblages tot zeer hoogwaardige oplossingen. Ze suggereren dat het onderzoek naar genetische algoritmen ingrijpend verandert. Onderzoek naar genetische algoritmen helpt ons om enkele van de verschillende facetten van innovatie kwantitatief te identificeren. Genetisch algoritme leert ons om de generatie van een uitmuntend individu te respecteren. Genetisch algoritme-onderzoek leert ons dat creativiteit in wezen harde problemen makkelijker maakt door de bouwstenen die nodig zijn om het probleem op te lossen direct of indirect toegankelijker te maken voor de zoektocht.

Mitchell *et al.* analyseerden twee algoritmen - RMHC en IGA - om algemene principes te identificeren van wanneer en hoe een genetisch algoritme beter zal presteren dan heuvelklimmen [Mitchell *et al.* 1994]. Experimentele analyse werd uitgevoerd op Royal Road landschap. RHMC werd geanalyseerd met betrekking tot R1. Het genetische algoritme bleek snel te zijn vanwege impliciet parallellisme. IGA implementeert ook perfect impliciet parallellisme. De verwachte tijd voor IGA ligt in de orde van 2K log N en voor RHMC in de orde van 2K N log N. RHMC is langzamer dan IGA. De analyse is verder uitgevoerd op gemodificeerd Royal road landscape R4 om te begrijpen hoe het genetisch algoritme in het algemeen werkt en waar het nuttiger zal zijn.

Melanie Mitchell heeft de term Biological Computation en haar relatie tot de computationele biologie en biologisch geïnspireerde computing [Mitchell 2011] uitgelegd. Vervolgens vergeleek ze Biological computing met Traditional computing. In het geval van traditionele computers wordt de verwerking van informatie gecentraliseerd en uitgevoerd door de CPU. Traditionele computers vereisen synchronisatie in vele aspecten van hun verwerking. Traditionele computersystemen vereisen componenten die betrouwbaar zijn met een zeer lage foutkans. In Biological Computing is de informatieverwerking massaal parallel, stochastisch, onnauwkeurig en doorlopend, zonder dat er sprake is van een zuiver beeld van de in- en uitgangen. Biologische systemen werken met asynchrone componenten. Biologische systemen werken met onbetrouwbare componenten die onderhevig zijn aan frequente storingen. In de traditionele computerwetenschap zijn universele berekeningen en programmeerbaarheid van fundamenteel belang, terwijl de relevantie van deze concepten voor biologische gegevensverwerking onduidelijk is. Mitchell analyseerde ook de vraag -*"Is computing een natuurwetenschap?"*

Korf en Reid analyseerden de asymptotische tijdcomplexiteit van toelaatbare heuristische zoekalgoritmen zoals A*, IDA* en diepte eerste tak en gebonden. De tijdscomplexiteit van deze algoritmen hangt vooral af van de kwaliteit van de heuristische functie [Kork *et al.* 1998]. Korf en Reid kenmerkten de heuristische functie eenvoudigweg door de verdeling van heuristische waarden in de probleemruimte. Experimentele analyse is uitgevoerd op Rubik's kubus, Acht Puzzels, Vijftien Puzzels. De analyse toonde aan dat de asymptotische heuristische vertakkingsfactor hetzelfde is als de brute kracht vertakkingsfactor en dat het effect van een heuristische functie is om de effectieve zoekdiepte te verminderen in plaats van de effectieve vertakkingsfactor. De asymptotische analyse werd gepresenteerd voor het probleem van de vaste grootte, omdat de lengte van de oplossing groot wordt en uitstekende voorspellingen oplevert op de typische diepte van de oplossing.

Meng *et al.* bestudeerden verschillende coderingstechnieken in genetische algoritmen en presenteren voldoende convergentievoorwaarden voor genetische codering in genetische algoritmen [Meng *et al.* 1999]. Ze identificeerden nieuwe categorieën van code zoals uniforme code, biascode, trisectorcode en symmetrische code en pasten deze toe op klassieke genetische technieken. Simulatieresultaten toonden aan dat genetische algoritmen met specifieke codes in kortere tijd oplossingen kunnen vinden met een betere kwaliteit dan klassieke genetische algoritmen. Ze concludeerden ook dat er een significante invloed is van coderingstechnieken op de prestaties van genetische algoritmen bij het oplossen van problemen met grote complexiteit van het algoritme.

Evolueerbare hardware is een opkomend toepassingsgebied, waarbij de synthese van analoge en digitale elektronische schakelingen door middel van evoluerende algoritmen steeds meer aandacht krijgt in de huidige onderzoeken. In circuitsynthese vertegenwoordigen chromosomen een circuit en elk van zijn genen beschrijft de component van het circuit. Mesquita *et al.* stelden de adjacency matrix representatie voor chromosomen in evoluerende circuits voor. Adjaciteitsmatrix representatie vermindert de generatie van afwijkende circuits in tegenstelling tot eerdere Incidentiematrix, waardoor de efficiëntie van het totale proces toeneemt [Mesquita *et al.* 2002]. Ze testten hun voorgestelde codering voor chromosomen van variabele grootte - hun aaneenschakeling en cascadering. De Adjaciteitsmatrix ging uit van een grafiek zonder parallelle vertakkingen en verhindert dus een expliciete weergave van de afzonderlijke circuitelementen.

Er bestaan een groot aantal planningsproblemen op het gebied van optimalisatieproblemen. Een planning wordt zo geconstrueerd dat een of andere maatregel wordt gereduceerd. Vaak worden planningsproblemen gemodelleerd als een grafiek. Fenton en Walsh hebben de voors en tegens van eerdere representatieschema's voor planningsproblemen bekeken en hebben verklaard dat het herhalen van permutatievertegenwoordiging veel redundantie heeft, maar dat het nuttig en robuust is [Fenton *et al.* 2005]. Ze introduceerden verschillende genetische operatoren voor het herhalen van permutatievertegenwoordiging zoals GMOX, GPX, GUX, PPX, PBM, SBM en OBM. Zij hebben deze operatoren getest met behulp van GALIB. In alle proeven presteerde GGOX beter dan andere operatoren. Morfogene berekeningen leverden betere resultaten op en verbeterden de evolueerbaarheid van het genetische algoritme.

Genetisch algoritme met chromosoomdifferentiatie (GACD): De natuur onderscheidt over het algemeen de individuen in de soort in meer dan één klasse. De prevalentie van differentiatie duidt op een geassocieerd voordeel dat lijkt te liggen in de samenwerking tussen twee verschillende individuen die zich tegelijkertijd kunnen specialiseren in de eigen vakgebieden [Sivaraj *et al.* 2011]. GACD bevat chromosoondifferentiatie voor het evolutionaire proces. Chromosomen worden over de generaties heen in twee categorieën van de bevolking onderscheiden op basis van de waarde die in de twee klassenbits zit. Deze worden in eerste instantie gegenereerd op basis van de maximale hammerafstand tussen de twee. Crossover (paring) is alleen toegestaan tussen individuen die tot deze categorieën behoren [Bandyopadhyay *et al.* 1998]. Theoretische analyse toont aan dat het basisprincipe van genetische algoritmen ook voor GACD geldt; bovengemiddeld kort, laag orderschema zal in de volgende generaties steeds meer trials ontvangen. Het is bewezen dat in veel gevallen de ondergrens van het aantal gevallen van een door GACD bemonsterd schema h groter of gelijk is aan dat van CGA. Hierdoor is GACD beter in staat om de tot nu toe verkregen informatie te benutten. Nogmaals, het initialiseren van de M en F populaties op een zodanige manier dat de hamming afstand tussen hen wordt gemaximaliseerd, en het toestaan van paringen tussen individuen van deze twee ongelijksoortige populaties, verbetert het exploratievermogen van GACD. Daarom lijkt GACD een beter evenwicht te vinden tussen exploratie en exploitatie, wat cruciaal is voor elke adaptieve optimalisatietechniek, waardoor het een voorsprong heeft op het conventionele Genetisch Algoritme.

In 1993 presenteerden De Jong en Sarma aanvullend empirisch bewijs en stelden alternatieve schrappingsmethoden voor om de variantie te verminderen [De Jong *et al.* 1993]. Cobb & Grefenstette vergeleek drie verschillende strategieën en paste het standaard genetische algoritme aan om het beter toepasbaar te maken in snel veranderende omgevingen [Cobb et *al. 1993*]. Na de mutatie werd een gedeeltelijke hypermutatiestap geïntroduceerd die een percentage van de populatie verving door willekeurig gegenereerde individuen. Het vervangen percentage werd vervangingspercentage genoemd. Om het effect van de vervangingsgraad te meten werden 23 gemodificeerde genetische algoritmen op niet-stationaire testfuncties overwogen met een variërend percentage van de populatie. Experimenten toonden aan dat 10% en 30% willekeurige vervanging betere trackingprestaties gaf. 50 % vervanging toonde te veel willekeurige exploratie.

DeJong was de eerste die de prestaties van genetische algoritmen met overlappende populaties empirisch evalueerde. DeJong stelde ook het concept van crowding dat het eenvoudige genetische algoritme volgt, behalve dat slechts een fractie van de bevolking elke generatie reproduceert en sterft [De Jong 1975]. Hij introduceerde de generatiekloof G als parameter voor het genetische algoritme waarbij een percentage van de populatie via fitnessproportionele selectie wordt gekozen om crossover en mutatie te ondergaan en G x n individuen uit de populatie worden gekozen om te sterven. Hij vond dat het algoritme bij lage waarden van G ernstige verliezen van allelen had, ook wel genetische drift genoemd, en resulteerde in slechte zoekprestaties.

Evolutie is het basisprincipe van het leven. Het is een collectief fenomeen van aanpassing aan de omgeving en overleving in de komende generaties [Ridley (1996)]. Aangezien de populatie van organismen voortdurend evolueert, verandert ook de verhouding tussen de verschillende genetische types in organismen en ontstaan er nieuwe types.

Genetische algoritmen (GAs) maken deel uit van evolutionary computing, een snel groeiend gebied van kunstmatige intelligentie. Het idee van evolutionary computing werd in de jaren zestig van de vorige eeuw geïntroduceerd door I. Rechenberg in zijn werk *Evolution strategies*. Zijn idee werd vervolgens ontwikkeld door andere onderzoekers. Het Genetisch Algoritme is gebaseerd op Charles Darwin's evolutietheorie die het principe van natuurlijke selectie "Survival of Fittest" beschrijft. Het Genetisch Algoritme bootst het evolutieproces na en volgt het proces van natuurlijke selectie. In dit proces van imitatie maakt het genetisch algoritme het mogelijk dat populaties van potentiële oplossingen sterven of zich voortplanten met variaties die geleidelijk aan hun omgeving worden aangepast. Genetisch algoritme is de meest populaire techniek in de literatuur om de complexe optimalisatieproblemen op te lossen die NP in de natuur zijn.

Darwin's ideeën over de principes van het leven kunnen worden samengevat in de volgende drie basisprincipes:

- Er is een populatie van individuen met verschillende eigenschappen en mogelijkheden. Er bestaat een bovengrens voor het aantal individuen in een populatie.

- De natuur creëert nieuwe individuen met vergelijkbare eigenschappen als de bestaande individuen.

- Veelbelovende individuen worden vaker geselecteerd voor reproductie door natuurlijke selectie.

Darwin beschreef het idee van natuurlijke selectie als basis voor biologische evolutie in zijn onderzoek 'Origin of Species' in 1859 en er zijn weinig regels die dit feit uit zijn werk beschrijven.

> ***"Als gevolg van deze strijd om het leven, zullen variaties, hoe klein ook en door welke oorzaak dan ook, als ze in enige mate winstgevend zijn voor de individuen van een soort, in hun oneindig complexe relaties met andere organische wezens en hun fysieke levensomstandigheden, neigen naar het behoud van dergelijke individuen, en zullen ze over het algemeen worden geërfd door het nageslacht. De nakomelingen zullen dus ook een betere overlevingskans hebben, want van de vele individuen van elke soort die periodiek geboren worden, kan een klein aantal overleven. Ik heb dit principe, waarbij elke kleine variatie, indien nuttig, behouden blijft, aangeduid met de term Natuurlijke Selectie"***. Darwin 1859

Genetische algoritmen vertegenwoordigen een klasse van adaptieve zoektechnieken en -procedures die gebaseerd zijn op de mechanica van de natuurlijke genetica en Darwin's principe van de survival of the fittest. Genetische algoritmen zijn een computermodel van biologische evolutie. Genetisch Algoritme werd ontwikkeld door John Holland aan de Universiteit van Michigan in 1975 [Holland (1975)]. Dit zijn adaptieve heuristische zoekalgoritmen [Goldberg (1989)], onderdeel van Evolutionaire Algoritmen die gebaseerd zijn op computermodellen die geïnspireerd zijn op de evolutie. Wanneer Genetische Algoritmen worden gebruikt om optimalisatieproblemen op te lossen, worden verrassend snel goede resultaten behaald. Een heuristisch is een onderdeel van een optimalisatiealgoritme dat de informatie die momenteel door het algoritme wordt verzameld, gebruikt om te helpen beslissen welke oplossingskandidaat vervolgens moet worden getest, of hoe het volgende individu kan worden geproduceerd [Thomas (2007)]. Genetische algoritmen zijn geleide random search en de meest populaire optimalisatietechniek onder de evolutionaire algoritmen voor multi-objectieve optimalisatieproblemen. Genetische algoritmen zijn in staat gebleken om oplossingen te vinden voor een grote verscheidenheid aan problemen waarvoor geen aanvaardbare algoritmische oplossingen bestaan. Genetisch algoritme is gebruikt voor het oplossen van diverse NP Complete problemen [Vijay Lakshmi &

Radha Krishnan 2007]. Het Genetic Algorithm probeert tot optimale oplossingen te komen door middel van een proces dat vergelijkbaar is met de biologische evolutie. Om een genetisch algoritme te gebruiken, is het nodig om de oplossing van het probleem als een *genoom* (of *chromosoom*) weer te geven. Het genetische algoritme creëert dan een populatie van oplossingen en past genetische operatoren zoals mutatie en crossover toe om de oplossingen te laten evolueren om de beste te vinden. Deze werken op een populatie van potentiële oplossingen, waarbij het principe van survival of the fittest wordt toegepast om betere schattingen te genereren voor een oplossing. Bij elke generatie wordt een nieuwe set van benaderingen gecreëerd door het proces van het selecteren van individuen op basis van hun niveau van fitheid en het samen kweken van hen met behulp van genetische operatoren geïnspireerd door de natuurlijke genetica. Dit proces leidt tot de evolutie van betere populaties dan de vorige [Eiben & Smith (2003), Michalewicz (1996)]. Het Genetisch Algoritme bestaat uit een iteratief proces dat een werkend geheel van individuen, een populatie genaamd, laat evolueren naar een objectieve functie, oftewel een fitnessfunctie [Goldberg (1989), Whitley (1994)].Genetische algoritmen worden doorgaans geïmplementeerd met behulp van computersimulaties waarin een optimalisatieprobleem wordt gespecificeerd.

GAs is met succes toegepast op een breed scala aan toepassingen, [Haupt & Haupt (1998)], [Chambers (2000)], [Karr & Freeman (1999)] met inbegrip van optimalisatie, planning en ontwerpproblemen. De belangrijkste kenmerken die GA's onderscheiden van andere populaire zoekmethoden zijn onder andere:

- Een *populatie van individuen:* Elk individu vertegenwoordigt een potentiële oplossing voor het op te lossen probleem.

- Een *fitnessfunctie:* Het evalueert het nut van elk individu als oplossing.

- Een *selectiefunctie:* Het selecteert personen voor reproductie op basis van hun conditie.

- *Geïdealiseerde genetische operatoren:* Deze veranderen geselecteerde individuen om nieuwe individuen te creëren voor verdere tests. Deze operatoren namelijk crossover en mutatie, proberen de zoekruimte te verkennen zonder de reeds gevonden informatie volledig te verliezen.

2.6.1 Achtergrond

Het idee om de principes van natuurlijke evolutie te gebruiken voor het oplossen van problemen dateert van het einde van de jaren '40. Het was in de jaren '60 dat de eerste evolutionaire algoritmen, de Evolutiestrategieën (ES) en de Evolutionaire

Programmering (EP), naar voren kwamen [Eiben & Smith (2003)]. Samen met het Genetisch Algoritme en de Genetische Programmering (GP) [Koza (1992)] vormen zij de vier hoofdtakken van de EEA's. Al deze benaderingen werken op basis van een aantal kandidaat-oplossingen. Met behulp van sterke vereenvoudigingen wordt deze set vervolgens aangepast aan de twee basisprincipes van de evolutie: selectie en variatie [Back, Hammel, & Schwefel (1997)]. Selectie vertegenwoordigt de competitie voor hulpbronnen onder levende wezens. Sommige zijn beter dan andere en hebben meer kans om te overleven en hun genetische informatie te reproduceren. Het belangrijkste idee achter de EA's is om een populatie van individuen (kandidaat-oplossingen voor het probleem) te ontwikkelen door middel van competitie, paring en mutatie, zodat de gemiddelde kwaliteit van de populatie systematisch wordt verhoogd in de richting van de oplossing van het probleem in kwestie. Het evolutieproces van de kandidaat-oplossingen is stochastisch en wordt "begeleid" door het instellen van instelbare parameters [Eiben & Smith (2003)]. Naar analogie met een natuurlijk ecosysteem bestaan in een EA verschillende organismen (oplossingen) naast elkaar en concurreren ze met elkaar. Hoe meer aangepast aan de ontwerpruimte, hoe groter de kans op voortplanting en het genereren van nakomelingen. Aan de andere kant zullen de slechtste individuen minder of geen nakomelingen hebben. Bij een optimalisatieprobleem is de fitheid van elk individu evenredig met de waarde van de objectieve functie, ook wel fitnessfunctie genoemd. Genetische Algoritmen, gepionierd door John Holland; University of Michigan in de jaren 1970 en populair geworden in de late jaren 1980. Het idee is puur gebaseerd op Darwiniaanse Evolutie. Het kan worden gebruikt om een verscheidenheid aan problemen op te lossen die niet gemakkelijk op te lossen zijn met andere technieken. Genetische Algoritme maakt gebruik van crossover en mutatie operator om het optimalisatie probleem op te lossen met behulp van survival of the fittest idee. Het is een zoektechniek die gebruikt wordt in de informatica om exacte of geschatte oplossingen te vinden voor optimalisatie en zoekproblemen. Genetische algoritmen worden gecategoriseerd als globale zoekheuristiek. Genetische algoritmen zijn een bepaalde klasse van evolutionaire algoritmen (ook wel evolutionaire berekening genoemd) die gebruik maken van technieken geïnspireerd door de evolutiebiologie, zoals overerving, mutatie, selectie en cross-over. Deze techniek kan worden toegepast op verschillende problemen, waaronder die welke NP-hard zijn. De techniek zorgt niet voor een optimale oplossing, maar geeft meestal goede benaderingen in een redelijke tijd. In de natuur hebben de fitste individuen de meeste kans om te overleven en te paren; daarom moet de volgende generatie fitter en gezonder zijn omdat ze gefokt zijn uit gezonde ouders. Ditzelfde idee wordt toegepast op een probleem door eerst oplossingen te 'raden' en vervolgens de meest geschikte oplossingen te combineren om een nieuwe generatie oplossingen te creëren die beter zouden moeten zijn dan de vorige generatie. Het genetisch algoritme werkt op een reeks cijfers die chromosomen worden genoemd [Berndt et al. (2003)], elk cijfer dat het chromosoom vormt wordt gen genoemd, en een verzameling van dergelijke chromosomen vormt een populatie. Elk heeft een fitnesswaarde die ermee verbonden is, en deze fitnesswaarde bepaalt de overlevingskans van een individu naar de volgende generatie. Nadat de volgende generatie is aangemaakt wordt een percentage van de chromosomen gekruist en klein. De willekeurige mutatie-elementen worden gebruikt om het incidentele 'ongeluk' in de natuur te verklaren. Een probleem is het maximaliseren van een functie van het soort $f(x1, x2,..... xm)$ waarbij $(x1, x2, ..., xm)$ variabelen zijn die moeten worden aangepast naar een globaal optimum.

Drie basisexploitanten die verantwoordelijk zijn voor het Genetisch Algoritme zijn

a) Selectie,

b) Oversteekplaats

c) Mutatie.

De belangrijkste genetische operator is de cross-over die de recombinatie van verschillende oplossingen uitvoert om ervoor te zorgen dat de genetische informatie van het leven van een kind bestaat uit de genen van elke ouder. Het voordeel van GA's is het feit dat ze zich aanpassen. Genetische algoritmen kunnen worden onderscheiden van meer conventionele technieken als

a) De GA's gebruiken een vertegenwoordiging voor de steekproefpopulatie,

b) GAs manipuleert rechtstreeks de gecodeerde representatie van variabelen, in plaats van de variabelen zelf te manipuleren,

c) GA's gebruiken stochastische in plaats van deterministische operatoren,

d) CA's zoeken blindelings door middel van steekproeven en negeren alle informatie, behalve het resultaat van de steekproef,

e) GAs zoeken vanuit een populatie van punten in plaats van vanuit één enkel punt, waardoor de kans kleiner wordt dat ze op een lokaal optimum vastzitten, waardoor ze geschikt zijn voor parallelle verwerking.

Bij evolutionaire algoritmen wordt natuurlijke selectie gesimuleerd door middel van een stochastisch selectieproces. Elke oplossing krijgt de kans om een bepaald aantal keren te reproduceren, afhankelijk van de kwaliteit ervan. Daarbij wordt de kwaliteit beoordeeld door de individuen te evalueren en hen scalaire fitnesswaarden toe te kennen. Het andere principe, variatie, imiteert het natuurlijke vermogen om "nieuwe" levende wezens te creëren door middel van recombinatie en mutatie. Hoewel de onderliggende principes eenvoudig zijn, hebben deze algoritmen zich bewezen als een algemeen, robuust en krachtig zoekmechanisme. Bovendien lijken EA's bijzonder geschikt voor multi-objectieve optimalisatie omdat ze in staat zijn om meerdere Pareto-optimale oplossingen in één enkele simulatierun vast te leggen en door middel van recombinatie gebruik kunnen maken van overeenkomsten van oplossingen. Sommige onderzoekers suggereren dat multi-objectief zoeken en optimalisatie een probleemgebied kan zijn waar EEA's het beter doen dan andere blinde zoekstrategieën.

Er zijn veel optimalisatiemethoden ontwikkeld in de wiskunde en het operationeel onderzoek. Genetische algoritmen worden vaak beschreven als een globale zoekmethode die geen gebruik maakt van gradiëntinformatie. Sommige bouwstenen van de natuurlijke evolutie worden gedefinieerd als:

Chromosoom

Een chromosoom is een lange, gecompliceerde draad van DNA (desoxyribonucleïnezuur). Een verandering in het chromosoom treedt op tijdens de voortplanting. De chromosomen van de ouders wisselen willekeurig een aantal genen uit door middel van een proces dat crossover wordt genoemd. Daarom vertoont het nageslacht enkele eigenschappen van de vader en enkele eigenschappen van de moeder. Een zeldzamer proces, mutatie genaamd, verandert ook een aantal eigenschappen.

Chromosoom vertegenwoordiging

Om het proces van natuurlijke selectie in een computer te simuleren, is het nodig om een representatie van een individuele oplossing/chromosoom te definiëren. Net als bij een chromosoom wordt de genetische structuur van een individu beschreven met behulp van een vast, eindig alfabet. In basis-GA's wordt meestal het alfabet 0, 1 gebruikt. Afhankelijk van het probleem kunnen ook andere specifieke representaties die geschikt zijn voor het probleem worden genomen.

Natuurlijke selectie

In de natuur zal het individu dat betere overlevingseigenschappen heeft voor een langere periode overleven. Dit geeft hem op zijn beurt een betere kans om nakomelingen te produceren met zijn genetisch materiaal. Daarom zal de hele populatie na een lange periode bestaan uit veel genen van de superieure individuen en minder van de inferieure individuen. In zekere zin overleefde de sterkste en stierf de ongeschikte uit. Deze natuurkracht wordt natuurlijke selectie genoemd.

2.6.2 Het principe van het genetisch algoritme

De praktische/gesimuleerde implementaties van GA's worden vaak toegepast op verschillende problemen met betrekking tot het zoeken en optimaliseren. Genetische algoritme zoekmethoden zijn geworteld in de mechanismen van de evolutie en de natuurlijke genetica. Genetische Algoritme putten stimulatie uit de natuurlijke zoek- en selectieprocessen die leiden tot de overleving van de meest fitte individuen. Het Genetisch Algoritme genereert een opeenvolging van populaties met behulp van een selectiemechanisme en gebruikt cross-over en mutatie als zoekmechanismen [Srinivas & Patnaik (1994)]. Het principe achter GAs is dat ze een populatie van individuen, vertegenwoordigd door chromosomen, creëren en in stand houden. Chromosomen zijn in wezen een tekenreeks die analoog is aan de chromosomen die in het DNA voorkomen. Deze chromosomen zijn typisch gecodeerde oplossingen voor een probleem. De chromosomen ondergaan dan een proces van evolutie volgens de regels van selectie, reproductie en mutatie. Elk individu in de omgeving (vertegenwoordigd door een chromosoom) krijgt een maat voor zijn geschiktheid in de omgeving. Voortplanting selecteert individuen met hoge fitnesswaarden in de populatie, en door cross-over en mutatie van dergelijke individuen wordt een nieuwe populatie afgeleid waarin individuen mogelijk nog beter zijn aangepast aan hun omgeving. Het proces van crossover bestaat uit het uitwisselen van twee chromosomen en is analoog aan het proces van seksuele voortplanting. Mutatie introduceert lichte veranderingen in een klein deel van de populatie en is representatief voor een evolutionaire stap. De basisstructuur van een eenvoudig Genetisch Algoritme wordt hieronder gegeven.

```
Basis_Genetisch_Algoritme()
{
        Initialiseer de bevolking;
        Evalueer de bevolking;
        Terwijl beëindiging_criterium niet wordt bereikt
        {
                Selecteer oplossingen voor de volgende populatie;
                Crossover uitvoeren
                Voer de mutatie uit;
                Vervang de bevolking;
        }
}
```

Het algoritme zal itereren totdat de bevolking zich heeft ontwikkeld tot een oplossing voor het probleem, of totdat een maximaal aantal iteraties heeft plaatsgevonden.

Genetische algoritmen zijn zoekalgoritmen die gebaseerd zijn op concepten van natuurlijke selectie en natuurlijke genetica. Genetisch algoritme werd ontwikkeld om een aantal van de processen te simuleren die in de natuurlijke evolutie worden waargenomen, een proces dat op chromosomen werkt. Het meest basale concept is dat de sterken de neiging hebben zich aan te passen en te overleven, terwijl de zwakken de neiging hebben uit te sterven. Het Genetisch Algoritme verschilt van andere zoekmethoden op een manier dat het zoekt in een populatie van punten, en werkt met een codering van parameterset, in plaats van de parameterwaarden. Het gebruikt ook objectieve functie-informatie zonder enige gradiënt-informatie. Het overgangsschema van het genetische algoritme is probabilistisch, terwijl de traditionele methoden gebruikmaken van gradiëntinformatie. Vanwege deze kenmerken van het genetische algoritme worden ze gebruikt als algoritme voor algemene optimalisatie. Ze bieden ook middelen om onregelmatige ruimte te doorzoeken en worden daarom toegepast op diverse toepassingen voor functieoptimalisatie, parameterschatting en machinaal leren. Genetisch algoritme is een robuuste zoektechniek. Het zal in een "redelijke" tijd een optimaal resultaat opleveren en is geschikt voor parallelle verwerking. Het kan gebruik maken van een rumoerige fitnessfunctie en is eenvoudig te ontwikkelen. Genetic Algorithm is blind zonder de fitnessfunctie. De fitnessfunctie drijft de bevolking naar betere oplossingen en is het belangrijkste onderdeel van het algoritme. Waarschijnlijkheid en willekeur zijn essentiële onderdelen van het Genetisch Algoritme.

De Genetic Algorithm-methodologie is bijzonder geschikt voor *optimalisatie*, een probleemoplossingstechniek waarbij één of meer zeer goede oplossingen worden gezocht in een oplossingsruimte die bestaat uit een groot aantal mogelijke oplossingen. Het Genetisch Algoritme verkleint de zoekruimte door de huidige generatie van kandidaat-oplossingen voortdurend te evalueren, de oplossingen die als slecht zijn gerangschikt weg te gooien en een nieuwe generatie te produceren door kruising en mutatie van de oplossingen die als goed zijn gerangschikt. De rangschikking van de kandidaat-oplossingen gebeurt aan de hand van een vooraf bepaalde maatstaf voor goedheid of geschiktheid.

De oplossingen van een specifiek probleem dat geoptimaliseerd moet worden, worden gecodeerd op een eenvoudige chromosoomachtige datastructuur. De kleinste eenheid van een genetisch algoritme wordt een *gen* genoemd, dat een eenheid van informatie in het probleemdomein vertegenwoordigt [Goldberg (1994)]. Een reeks genen, bekend als een *chromosoom*, vertegenwoordigt een mogelijke oplossing voor het probleem. Elk gen in het chromosoom vertegenwoordigt een component van het oplossingspatroon. Genetische algoritme creëert een initiële populatie van haalbare oplossingen. Elk chromosoom krijgt een mate van fitheid via een fitnessfunctie (evaluatie of objectieve functie). De conditie van een chromosoom bepaalt zijn overlevingsvermogen en het vermogen om nakomelingen te produceren. Genetisch algoritme gebruikt probabilistische regels om een populatie te laten evolueren van de ene generatie naar de andere. De evolutionaire cyclus begint met een willekeurig gekozen initiële populatie. De veranderingen in de populatie komen tot stand door de processen van selectie op basis van fitheid, en verandering met behulp van cross-over en mutatie. De toepassing van selectie en wijziging leidt tot een populatie met een groter aandeel aan betere oplossingen. De evolutionaire cyclus gaat door totdat een aanvaardbare oplossing wordt gevonden in de huidige generatie van de populatie, of een bepaalde controleparameter zoals het aantal generaties wordt overschreden. De generaties van de nieuwe oplossingen worden ontwikkeld door de genetische recombinatieoperatoren te volgen:

Selectie: Het staat gelijk aan survival of the fittest;

Crossover: Het staat voor de paring tussen individuen;

Mutatie: Het introduceert willekeurige wijzigingen;

Selectie Operator

- Kernidee: Het geeft de voorkeur aan betere individuen, waardoor ze hun genen kunnen doorgeven aan de volgende generatie.

- De goedheid van elk individu hangt af van zijn conditie.

- De geschiktheid kan worden bepaald door een objectieve functie of door een subjectief oordeel.

Crossover Operator

- De belangrijkste onderscheidende factor van het Genetisch Algoritme ten opzichte van andere optimalisatietechnieken.

- Twee personen worden gekozen uit de populatie met behulp van de selectie-exploitant.

- Een crossoverplaats langs de bitsnaren wordt willekeurig gekozen.

- De waarden van de twee snaren worden tot op dit punt uitgewisseld.

- In binaire weergave van kandidaat-oplossingen als S1=00000000 en s2=111111 en het kruispunt is 2 dan S1'=11000000 en s2'=001111.

- De twee nieuwe nakomelingen die uit deze paring voortkomen, worden in de volgende generatie van de populatie geplaatst.

- Door delen van goede individuen te recombineren, zal dit proces waarschijnlijk nog betere individuen creëren.

Mutatie Operator

- Met een kleine waarschijnlijkheid zal een deel van de nieuwe individuen een deel van hun stukjes laten omdraaien.

- Het doel ervan is om de diversiteit binnen de bevolking te behouden en voortijdige convergentie te voorkomen.

- Mutatie alleen al veroorzaakt een willekeurige wandeling door de zoekruimte.

- Door mutatie en selectie (zonder crossover) ontstaat een parallelle, ruistolerante, heuvelachtige beklimming.

Een implementatie van een genetisch algoritme begint met een populatie van typisch willekeurige chromosomen. De chromosomen worden vervolgens geëvalueerd en worden zodanig toegewezen dat de chromosomen die een betere oplossing voor het doelprobleem vormen, meer kansen krijgen om zich te reproduceren dan de chromosomen die een slechtere oplossing zijn. De goedheid van een oplossing wordt doorgaans gedefinieerd ten opzichte van de huidige populatie. Figuur 2.1 toont de basishandelingen van het Genetisch Algoritme.

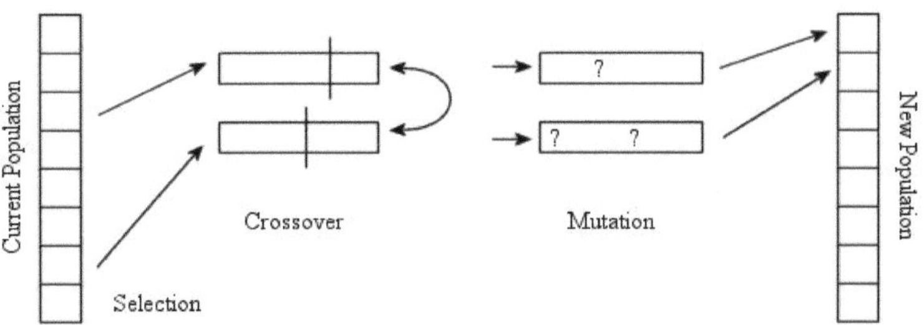

Figuur 2.1 - Bewerkingen van het genetisch algoritme

Genetisch algoritme Pseudo-Code

1. Kies de oorspronkelijke populatie van individuen (meestal willekeurig)

2. Herhaal op deze generatie tot aan de beëindiging (tijdslimiet, voldoende fitheid bereikt, enz.)

3. Evalueer de geschiktheid van elk individu op basis van de geschiktheidsfunctie

4. Snoeipopulatie volgens strategie

5. Selecteer paren om te paren van de best gerangschikte personen

6. Vul de populatie aan (met behulp van geselecteerde paren)

    i. Crossover-operator toepassen

    ii. Mutatie-exploitant toepassen

7. Controleer op beëindigingscriteria (aantal generaties, hoeveelheid tijd, minimum fitnessgrens bereikt, fitness heeft een plateau bereikt, enz.)

8. Lus, indien niet beëindigd (Ga naar stap 2)

2.6.3 Verkenning v/s Exploitatie

Over het algemeen worden alle optimalisatietechnieken beïnvloed door twee belangrijke zaken - *exploratie* en *exploitatie*. Exploitatie verwijst naar de neiging van het algoritme om de zoekrichting te sturen door eerder verkregen informatie [Thierens & Goldberg (1994)]. Exploitatie maakt gebruik van de gegenereerde kennis en de verspreiding van de aanpassingen. Het betekent dat tijdens het zoeken naar oplossingen het algoritme gebruik maakt van in het verleden verkregen informatie om kleinere gebieden te bepalen die veelbelovend zijn voor verder zoeken. Exploitatieoperaties nemen vaak kleine veranderingen op in reeds geteste individuen die leiden tot nieuwe, zeer vergelijkbare oplossingskandidaten of proberen bouwstenen van verschillende veelbelovende individuen samen te voegen. Verkenning is een metafoor voor de procedure die het mogelijk maakt om met behulp van zoekoperaties nieuwe en misschien wel betere oplossingsstructuren te vinden. Exploratie onderzoekt nieuwe en onbekende gebieden in de zoekruimte en genereert nieuwe kennis. Exploratie is een procedure waarbij nieuwe informatie wordt verkregen door het bezoeken van nieuwe gebieden in de zoekruimte om veelbelovende punten of subgebieden te vinden. In tegenstelling tot exploitatie omvat exploratie ook sprongen in het onbekende. Beide technieken hebben hun eigen verdiensten en gebreken. Beide termen zijn tegenstrijdig en moeten in balans worden gebracht. In het algemeen wordt de exploratie van de zoekruimte gedaan door zoekoperatoren in evolutionaire algoritmen en de exploitatie door selectie. De afweging tussen exploitatie en exploratie wordt voornamelijk bepaald door de selectieve druk die door de selectie-exploitant wordt uitgeoefend. Puur willekeurig zoeken is goed in exploratie, maar doet geen exploitatie terwijl heuvelklimmen goed is in exploitatie en geen exploratie doet [Beasley, Bull & Martin (1993a)]. In eerdere onderzoeken is vastgesteld dat één techniek niet voldoende is om de beste optimale oplossing te verkrijgen, vooral bij grote TSP-gevallen [Merz & Freisleben (1977), Ray, Bandyopadhyay & Pal (2007)].

Er worden dus veel onderzoeken uitgevoerd om twee of meer algoritmen te combineren om de prestaties te verbeteren en betere resultaten te verkrijgen. Optimalisatiealgoritmen die de voorkeur geven aan exploitatie boven exploratie hebben een hogere convergentiesnelheid, maar lopen het risico niet de optimale oplossing te vinden en kunnen vastlopen op een lokaal optimum. Over het algemeen moeten optimalisatiealgoritmen gebruik maken van ten minste één zoekactie met een verkennend karakter en waarop in ieder geval goede oplossingen verder kunnen worden geëxploiteerd. Nederland heeft laten zien dat een genetisch algoritme zowel exploratie als exploitatie op een optimale manier combineert [Nederland (1975)].

Genetische algoritmen volgen twee basisprincipes voor de keuze van de coderingsmethode, namelijk:

1. *Het principe van zinvolle bouwstenen*: De schema's moeten kort zijn, van lage orde, en relatief los staan van schema's ten opzichte van andere vaste posities.

2. *Het principe van minimale alfabetten*: Het alfabet van de codering moet zo klein mogelijk zijn en toch een natuurlijke weergave van de oplossingen mogelijk maken.

Het eerste principe stelt dat de gebruiker een zodanige codering moet kiezen dat de bouwstenen van het onderliggende probleem klein zijn en relatief geen verband houden met bouwstenen op andere posities. Het principe van betekenisvolle bouwstenen wordt direct gemotiveerd door de schema stelling. Als de schema's zeer geschikt, kort en van lage orde zijn, dan neemt hun aantal exponentieel toe over de generaties heen. Als de hoogwaardige schema's lang of van hoge orde zijn, worden ze verstoord door crossover en mutatie en kunnen ze niet goed worden gepropageerd. Het tweede principe stelt dat de gebruiker het kleinste alfabet moet kiezen dat een uitdrukking van het probleem mogelijk maakt, zodat het aantal exploiteerbare schema's wordt gemaximaliseerd [Goldberg (1989)]. Het principe van minimale alfabetten zegt ons dat we het potentiële aantal schema's moeten verhogen door de kardinaliteit van het alfabet te verminderen. Bij gebruik van minimale alfabetten is het aantal mogelijke schema's maximaal. Dit is de reden waarom Goldberg ons adviseert om bit string representaties te gebruiken, omdat hoge kwaliteit schema's moeilijker te vinden zijn bij het gebruik van alfabetten met een hogere kardinaliteit.

Deze twee principes van representaties zijn gebaseerd op de aanname dat genetische algoritmen processchema's en bouwstenen vormen.

2.6.4 Voordelen van genetische algoritmesystemen

- Het voordeel van de Genetic Algorithm-aanpak is het gemak waarmee het willekeurige soorten beperkingen en doelstellingen kan verwerken; al deze zaken kunnen worden behandeld als gewogen componenten van de fitnessfunctie, waardoor het gemakkelijk is om de Genetic Algorithm-planner aan te passen aan de specifieke eisen van een zeer breed scala aan mogelijke algemene doelstellingen.

- Genetische algoritmen kunnen worden gebruikt wanneer er geen algoritmen of heuristieken beschikbaar zijn om een probleem op te lossen. Een op een Genetisch Algoritme gebaseerd systeem kan worden gebouwd zolang er een oplossingsrepresentatie en een evaluatieschema kan worden uitgewerkt. Aangezien het alleen de beschrijving van een goede oplossing vereist en niet hoe deze te bereiken, wordt de behoefte aan deskundige toegang geminimaliseerd.

- Optimalisatieproblemen waarbij de beperkingen en objectieve functies niet-lineair en/of discontinu zijn, zijn niet op te lossen met traditionele methoden zoals lineaire programmering. Genetische algoritmen kunnen dergelijke problemen oplossen. Genetische Algoritme garandeert geen optimale oplossingen, maar levert bijna optimale oplossingen op die waarschijnlijk zeer goed zijn.

- Oplossingstijd met het Genetisch Algoritme is zeer voorspelbaar - het wordt bepaald door de grootte van de populatie, de tijd die nodig is om een oplossing te decoderen en te evalueren en het aantal generaties van de populatie.

- Genetische algoritmen maken gebruik van eenvoudige bewerkingen, maar zijn in staat om problemen op te lossen die door de traditionele algoritmische en numerieke technieken als onbetaalbaar worden ervaren. Een voorbeeld hiervan is het TSP-probleem

2.6.5 Beperkingen van op genetische algoritmen gebaseerde systemen

- Genetische algoritmen zijn zelf blind voor het optimalisatieproces, omdat ze alleen kijken naar de fitnesswaarde van elk chromosoom in plaats van te weten wat de fitnesswaarde eigenlijk betekent. Als gevolg daarvan is hun vermogen om uit te leggen waarom er een bepaalde oplossing is gevonden, praktisch zeer slecht of nihil.

- Hoewel het genetisch algoritme matig schaalbaar is - een groter aantal variabelen kan worden opgevangen door de lengte van het chromosoom te vergroten - maakt een langer chromosoom ook het vinden van de oplossing meer tijdrovend. Hoe langer het chromosoom, hoe groter de populatie moet zijn omdat er meer potentiële combinaties van genen zijn. Dit resulteert in meer tijd die nodig is voor het decoderen en de evaluatie van de conditie.

- In het algemeen vereist het Genetisch Algoritme geen uitgebreide toegang tot gegevens. Maar voor sommige toepassingen kan het nodig zijn om toegang te krijgen tot gegevens uit de databases van de organisatie en deze te verwerken om de geschiktheid van oplossingen te kunnen beoordelen. Voor deze toepassingen is de kwaliteit en kwantiteit van de gegevens belangrijk.

2.6.6 Toepassingen van genetische algoritmen

Genetische algoritmen kunnen in vele toepassingen worden gebruikt. Hieronder volgt geen uitputtende lijst van toepassingen, maar genoeg om er een glimp van op te vangen. [Negnevitsky (2002), Lawrence (1989), Geoffrey *et al.* (1989), Grefenstette (1986), Natowicz & Venturini, (1990), Meng & Hamam (1993), Meng, Ji & Dong (1997)]. Enkele toepassingen van Genetische Algoritmen zijn:

- Auto-ontwerp: Genetische algoritmen worden gebruikt om composietmaterialen en aerodynamische vormen te ontwerpen voor raceauto's en vliegtuigen. Ze kunnen combinaties van de beste materialen en de beste techniek terugbrengen om snellere, lichtere, zuinigere en veiligere voertuigen te leveren.

- Automatische programmering: Ze worden gebruikt om computerprogramma's te ontwikkelen voor specifieke taken en om andere rekenkundige structuren te ontwerpen, zoals in cellulaire automatiserings- en sorteernetwerken.

- Optimalisatie: Genetische algoritmen worden veel gebruikt voor optimalisatietaken, waaronder zowel numerieke als combinatorische optimalisatieproblemen zoals Travelling Salesman Problem, Circuitontwerp [Louis (1993)], Job Shop Scheduling [Goldstein (1991)], video- & geluidskwaliteitoptimalisatie, Telecommunication routing, State assignment problem, Time tabling problem, Traffic and Shipment routing, enz.

- Technisch ontwerp: Ze worden ook gebruikt om de structuur en het operationele ontwerp van gebouwen, fabrieken, machines enz. te optimaliseren. Ze worden gebruikt om warmtewisselaars, robotgrijpers, vliegwielen, turbines enz. te ontwerpen.

- Robotica: Het ontwerp van Robot is afhankelijk van het werk dat hij moet doen. Er zijn dus veel verschillende ontwerpen voor robots. Een reeks van optimale ontwerpen en componenten kan worden gezocht met behulp van genetische algoritmen voor elk specifiek gebruik en een geheel nieuw type robot terugbrengen.

- Machine Leren: Deze algoritmen worden gebruikt voor het machinaal leren van toepassingen zoals classificatie en voorspelling, voorspelling van de eiwitstructuur, enz. Ze worden ook gebruikt om neurale netwerken te ontwerpen, om regels te ontwikkelen voor het leren van classificatiesystemen en symbolische productiesystemen.

- Economisch model: Genetische algoritmen vinden hun toepassing in het modelleringsproces van innovatie, de ontwikkeling van biedingsstrategieën en de opkomst van economische markten. Ze zijn ook toepasbaar voor de ontwikkeling van nieuwe financierings- en investeringsstrategieën.

- Ecologisch model: Genetische algoritmen worden gebruikt om ecologische fenomenen te modelleren, zoals biologische wapenrassen, de evolutie van de gastheerparasiet, de symbiose en de stroom van hulpbronnen in de ecologieën.

- Evolvable Hardware: Met behulp van genetische algoritmen worden computermodellen ontwikkeld die gebruik maken van stochastische operatoren om nieuwe configuraties te ontwikkelen van oude, zodat nieuwe elektronische circuits kunnen worden ontwikkeld die als evolueerbare hardware kunnen worden aangeduid.

- Strategische planning en besluitvorming: Genetische algoritmen vinden hun brede toepassing in het oplossen van verschillende zakelijke problemen op functionele gebieden zoals financiën, marketing en productie. Ze kunnen worden gebruikt in activiteiten zoals tactisch informatiebeheer, groeps- en netwerkontwerp, taakplanning voor betere besluitvorming en beheer.

- Game Playing: Genetische algoritmen worden ook toegepast in de speltheorie en dus worden ze veel gebruikt in de ontwikkeling van computerspellen, gesimuleerde omgevingen.

- Computer Aided Molecular Design: Het creëren van nieuwe ontwerpen van nieuwe chemische moleculen is een opkomend gebied van toegepaste chemie. Genetische algoritmen worden gebruikt om chemische structuren te begrijpen, de effecten van substitutie te analyseren en nieuwe ontwerpen voor chemische moleculen zoals eiwitten, industriële chemicaliën etc. te voorspellen.

- Encryptie en codebreuk: Genetische algoritmen kunnen worden gebruikt om zowel codering voor gevoelige gegevens te creëren als om die codes te breken.

- Biomimetische uitvinding: Biomimicry of Biomimetica is een opkomend gebied waar technologieën worden ontwikkeld die geïnspireerd zijn op ontwerpen in de natuur. Biomimetica maakt gebruik van genetische algoritmen als een van de ontwerpmiddelen.

2.6.7 Toepassing van het genetisch algoritme bij het testen van software

Het testen van softwaresystemen bestaat meestal slechts uit een zeer kleine steekproef uit de set van mogelijke scenario's voor het gebruik van het systeem; het kan moeilijk zijn om de testresultaten te veralgemenen van een beperkte hoeveelheid testen op basis van gebruiksmodellen op hoog niveau. Het kan ook zeer moeilijk zijn om de aard en de locatie van de fouten te bepalen die de oorzaak zijn van eventuele fouten tijdens het testen van het systeem en daarom is het voor de softwaretesters zeer moeilijk om deze fouten in het programma te vinden en te repareren. Om deze problemen aan te pakken, kan de Genetic Algorithm (Genetic Algorithm) aanpak een betere oplossing zijn om testgevallen te optimaliseren voor het efficiënt testen van software. Op basis van de resultaten van het testen van softwaresystemen op macroniveau wordt een Genetic Algorithm gebruikt om extra testcases te selecteren om zich te concentreren op het gedrag rond de eerste testcases om te helpen bij het identificeren en karakteriseren van de soorten testcases die systeemfouten uitlokken en de soorten testcases die geen systeemfouten uitlokken. Of er nu wel of niet fouten worden ervaren, de Genetic Algorithm-benadering ondersteunt een verhoogde testautomatisering en biedt meer bewijs ter ondersteuning van het redeneren over de algehele kwaliteit van het softwareproduct. Wanneer er fouten worden ervaren, kan de aanpak de efficiëntie van de debugging-activiteiten verbeteren door informatie te verstrekken over soortgelijke, maar verschillende testgevallen die fouten in de software aan het licht brengen en over de invoerwaarden die de fouten hebben veroorzaakt om fouten te induceren.

2.6.8 Toepassing van het genetisch algoritme bij de selectie van testgevallen

GAs zijn waarschijnlijk de bekendste en meest gebruikte vorm van EA's. Ze zijn effectief gebruikt bij het genereren van testgegevens om een specifiek dekkingscriterium te bereiken. Zo werd het Genetisch Algoritme gebruikt om testgegevens te genereren die een verklaring en takdekking bereiken [Pargas et al. (1999)]; Genetisch Algoritme toegepast in het genereren van testgegevens voor het testen van paden [Mansour & Salame (2004)] en [Lin en Yeh (2001)]; Een rijke studie over GA's en de vele interne procesvariaties ervan werd gedaan in zijn proefschrift [Sthamer (1996)]. Evolutionaire testen worden ook toegepast op embedded systemen [Sthamer, Baresel & Wegener (2001)]. Bovendien werd het Genetisch Algoritme gebruikt om een state-space search te begeleiden naar fouttoestanden van gelijktijdige reactieve systemen [Godefroid & Khurshid (2002)]. Het Genetisch Algoritme voert zijn zoektocht uit door nieuwe testgegevens te construeren uit eerder gegenereerde testgegevens die als effectieve testgegevens worden geëvalueerd. De aanpak kan worden gebruikt bij het genereren van testdata voor programma's met/zonder lussen en procedures.

De initiële populatie wordt gedefinieerd als een reeks testgevallen die in eerste instantie worden gegenereerd. De populatie wordt geïnitialiseerd, hetzij willekeurig, hetzij met door de gebruiker gedefinieerde personen. Elk *individu* in de populatie vertegenwoordigt een *enkele* testcase. Het individu wordt naar de Tester gestuurd om te worden verwerkt en aan de Software onder Test te worden geleverd. De Software onder Test verwerkt deze input en levert output die wordt geanalyseerd op juistheid. De verschillende criteria zullen bepalen of de output accuraat of gebrekkig is of dat de te testen software gecrasht is. Vervolgens wordt informatie gestuurd naar het Genetisch Algoritme van het resultaat dat de output correct is, de output gebrekkig is of de te testen software is gecrasht. Het Genetisch Algoritme gebruikt dit resultaat dat het zou optreden zoals gedefinieerd door het proces om te helpen bij het bepalen van de algehele geschiktheid van het individu. Het Genetisch Algoritme werkt dan door middel van een evaluate-select-reproduceercyclus totdat ofwel aan een door de gebruiker gedefinieerde stopconditie is voldaan, ofwel het maximum aantal toegestane generaties is overschreden. Het Genetic Algorithm voert individuele testgevallen uit die binnen de hoge gebruiksgebieden van de software hoge intensiteitsfouten veroorzaakten, waardoor dynamische tests en systeemanalyses gericht worden aangestuurd op basis van testdoelen en eerdere testresultaten. Of er nu wel of niet fouten worden ervaren, de aanpak van het genetisch algoritme zorgt voor meer feiten voor het testteam en de managers ter ondersteuning van de redenering over de algehele kwaliteit van het softwareproduct. In de situatie waarin storingen worden ervaren, levert de genetische algoritme-aanpak informatie op over soortgelijke, maar verschillende, testgevallen die fouten in de software vinden en over de invoerwaarden die de storingen genereren om storingen te veroorzaken. Deze informatie kan de ontwikkelaar helpen bij het herkennen van patronen in het gedrag van het systeem en het bewijzen van een hypothese over de fouten die de fouten hebben veroorzaakt. Omdat verschillende softwarefouten verschillen in ernst en prioriteit voor de gebruiker en in frequentie van optreden onder bepaalde gebruiksprofielen, kunnen bepaalde fouten belangrijker zijn dan andere. Factoren zoals de onzekerheid van het ontwikkelteam over bepaalde eisen, de complexiteit van een bepaald stuk van de code en de verschillende vaardigheden van het softwareontwikkelingsteam kunnen leiden tot clusters van storingen in bepaalde delen van de set van mogelijke gebruiksmogelijkheden van de software.

2.7 Onderzoekskloof

Zoals opgemerkt worden in de testfase van de softwareontwikkeling maximale inspanningen (tijd en kosten) geleverd. Het ontwerpen van de testcases is een omslachtig proces. Het automatisch genereren van testcases zal helpen bij het verminderen van de inspanningen in de testfase, wat op zijn beurt leidt tot een verlaging van de softwarekosten. Tijdens het genereren van testcases is het doel om de inspanningen te minimaliseren en het aantal gedetecteerde fouten te maximaliseren. Het testen kan dus gezien worden als een probleem van optimalisatie. Bij de optimalisatieproblemen is een aantal zoektechnieken gebruikt. Evolutionaire Algoritmen zijn daar één van. Genetische algoritmen zijn een evolutionair algoritme dat gebruikt kan worden om het probleem van het genereren van testgevallen te optimaliseren. Genetisch Algoritme is een op populatie gebaseerd zoekalgoritme, gebaseerd op het Darwin principe van *survival of the fittest*. Genetisch Algoritme is in principe een evolutionaire techniek die is geïnspireerd op biologische evolutie. Het werd in de jaren zeventig ontwikkeld door John Holland, zijn collega's en studenten aan de Universiteit van Michigan. Het bootst het proces van natuurlijke evolutie na. Genetisch Algoritme begint met een initiële populatie en past vervolgens genetische operatoren zoals selectie, crossover, mutatie en vervanging toe op die populatie om beter en veel betere individuen te evolueren. Genetische Algoritme kan worden beëindigd in een van de twee gevallen: maximaal aantal bereikte generaties of optimale waarde gevonden. Genetische algoritmen kunnen worden geïmplementeerd met behulp van elke taal of tool zoals C, C++, JAVA, .Net, MATLAB etc.

Er bestaan veel geschiktheidscriteria voor een specificatie. Het genereren van testcases voor deze geschiktheidscriteria is de belangrijkste taak van het genereren van testcases. De tests worden uitgevoerd op basis van testcases die op basis van deze geschiktheidscriteria worden gegenereerd.

Testcases kunnen automatisch worden gegenereerd met een aantal technieken. Maar testcase is niet alleen het genereren van testgegevens. Het uitvoeren van de gegenereerde testdata op geteste software (SUT) wordt ook gedaan op basis waarvan het programma wordt aangemerkt als "pass or fail". Na het genereren van testcases is het ook een kritische taak om deze op SUT uit te voeren om meer van het testen te krijgen. N-Version programming en recovery block methods zijn twee technieken waarmee men de testcases respectievelijk parallel of in volgorde kan uitvoeren. De beslissingen werden in beide technieken vergeleken met een stuurprogramma, en als er storingen zijn dan wordt een defecte unit ontdekt op meerderheidsbasis of door een of andere gebruikelijke aanpak.

In dit onderzoek heeft de onderzoeker de identificatie van deze grenzen/intervallen automatisch uitgevoerd door middel van een Genetisch algoritme en steekproefsgewijze testen en vervolgens de resultaten van beide technieken met elkaar vergeleken. Genetisch algoritme en random testen beginnen beide met een willekeurige initiële populatie en vervolgens gebruikt het Genetisch Algoritme de geschiktheid van individuen om naar het optimum te gaan, terwijl random testen willekeurig werkt gedurende de hele run. Voor dit experiment wordt de afstand tot de grenzen genomen als de geschiktheid van het individuele chromosoom.

2.8 Onderzoeksdoelstellingen

Doel van dit onderzoek is het toepassen van een effectieve kwaliteitsborgingsaanpak voor het vroegtijdig opsporen en verwijderen van fouten voor product- en servicegerichte organisaties. Vandaag de dag zijn er veel modellen voor het ontwikkelen van software, maar er zijn enkele nadelen.

Doelstellingen:

- Het eerste doel is het definiëren van de principes van het testen van software, het beschrijven van de talrijke testmethodologieën en het effectief uitvoeren van deze testen op projecten in de industrie.

- Het tweede doel is om te evalueren wat de kwaliteit van software is en welke factoren van invloed zijn op deze kwaliteit en hoe, wanneer en waar QA kan worden gebruikt in de levenscyclus van het project om de kwaliteit van het product te verbeteren.

Om bovenstaande doelstellingen te bereiken wordt de volgende methodologie toegepast: -

1. Het automatisch genereren van testgegevens en het analyseren van de prestaties van het genetisch algoritme

2. Identificatie van het coderingsschema, de selectiecriteria, de crossover- en mutatiestrategieën en de populatiegrootte voor de toepassing van het genetisch algoritme bij het automatisch genereren van testgegevens.

3. Vergelijking van de benaderingen van testcase-generaties met de andere testtechnieken van automatische testcase-generaties, zoals steekproefsgewijze tests, anti-randomtests, enz.

4. Een model voorgesteld om de software kwalitatief te testen, zodat de kwaliteitsborging van de software gegarandeerd kan worden.

SAMENVATTING

Genetische algoritmen zijn eenvoudig toe te passen op een breed scala aan problemen, van optimalisatieproblemen zoals het probleem van de reizende verkoper, tot inductief concept leren, planning, netwerk routing en lay-out problemen. De resultaten kunnen zeer goed zijn op sommige problemen, en vrij slecht op andere. Als alleen de mutatie wordt gebruikt, is het algoritme erg traag. Crossover maakt het algoritme aanzienlijk sneller. Genetisch Algoritme is een soort van heuvelklimmen. Zoals bij alle heuvelklimalgoritmen is er een probleem met lokale maxima. Lokale maxima in een genetisch probleem zijn die individuen die vastzitten aan een vrij goede, maar niet optimale, fitness maat. Elke kleine mutatie geeft een slechtere conditie. Gelukkig kan cross-over hen helpen om uit een lokaal maximum te komen. Ook is mutatie een willekeurig proces, dus het is mogelijk dat men een plotselinge grote mutatie heeft om deze individuen uit deze situatie te halen. (In feite komen deze individuen er nooit uit. Het zijn hun nakomelingen die uit de lokale maxima komen). Als het concept of het begin van een computeralgoritme gebaseerd is op de evolutie van het organisme, dan is de uitgebreidheid waarmee deze algoritmes op zoveel gebieden worden toegepast niet minder dan verbazingwekkend of verbazingwekkend. Het nut en de sierlijkheid van het oplossen van problemen heeft het een favorietere keuze gemaakt onder de traditionele methoden, namelijk gradiënt zoeken, willekeurig zoeken en andere. GAs is zeer nuttig wanneer de ontwikkelaar geen precieze domeinexpertise heeft, omdat GAs het vermogen bezitten om te verkennen en te leren van hun domein. Voorspellingen zijn gedaan dat de vooruitgang in de wiskunde, fuzzy logic, chaos en fractals het werk dat momenteel wordt uitgevoerd door Genetic Algorithm's zal bevorderen en verbeteren. De toekomst zal nieuwe toepassingen van genetische algoritmen en nieuwe technieken opleveren die het mogelijk zullen maken om de genetische algoritmen volledig te benutten.

HOOFDSTUK-3: ONTWERP VAN EEN EFFECTIEVE FOUTDETECTIE- EN -VERWIJDERINGSAANPAK

3.1 Inleiding

Het genereren van testgevallen is het meest inspannende onderdeel van het testen van software. Zodra de testcases gegenereerd waren, werden deze gebruikt om de software op kwaliteit te testen. Deze inputs werden ingevoerd als input voor de software om de geobserveerde en verwachte resultaten te vergelijken. Deze vergelijking moet automatisch worden uitgevoerd. Het automatisch genereren van testgevallen kan worden gedaan met behulp van vele technieken die beschikbaar zijn in de literatuur. Maar het gebruik van deze technieken en het genereren van testcases is niet voldoende. Vergelijking van resultaten moet ook gebeuren met enige systematische en automatische verwerking. Indien de geobserveerde resultaten afwijken van de verwachte resultaten dan zal er actie worden ondernomen om de fout te achterhalen.

De automatisering van het testproces omvat dus twee subtaken. Ten eerste, het genereren van automatische testgevallen op basis van een aantal geschiktheidscriteria. Ten tweede, controleer het gedrag van het programma op deze automatisch gegenereerde testcase. Dus als de testcases beter gekozen zijn, zal de kwaliteit beter beoordeeld worden, maar als de gekozen testcases niet voldoende of niet van goede kwaliteit zijn, kan de kwaliteit van het programma ook verkeerd beoordeeld worden.

3.2 Herstelblok

Elk programma heeft een bepaalde uitvoering van de eisenspecificaties. Elk programma is gemaakt van enkele eisenspecificaties van dat programma. Een programmamodel kan worden gezien als een functie die het in kaart brengen van enige input naar enige output doet, zoals weergegeven in Figuur 3.1.

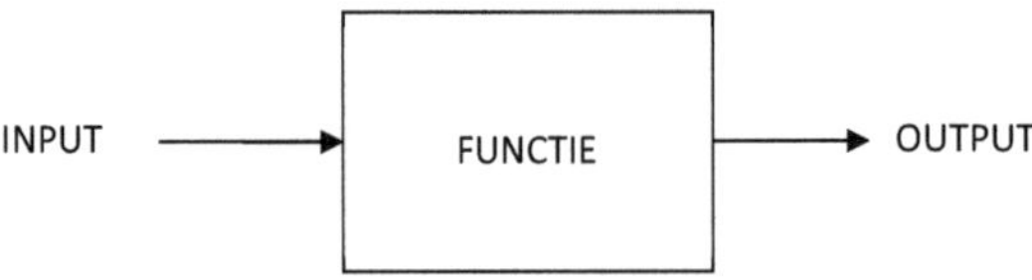

Figuur 3.1: Programmaterminologie

De betrouwbaarheid van een programma hangt af van de aanwezige fouten in het programma. De verschillende technieken om het te verbeteren zijn foutvermijding, foutdetectie en -correctie & fouttolerantie.

Het systeem moet zowel betrouwbaar als beschikbaar zijn. Het moet betrouwbaar zijn en zo min mogelijk storingen hebben; foutpreventie is van het grootste belang. Een ruimteschip met astronauten op een rondreis naar de ruimte moet bijvoorbeeld feilloos functioneren om die astronauten veilig terug te brengen naar de grond. Het moet ook in hoge mate beschikbaar zijn, zodat de astronauten continu toegang hebben tot de systemen.

Het fundamentele principe bij fouttolerantie van hardwarefouten is het gebruik van redundante systeemelementen [Avizienis (1977)]. Fault-Tolerant ontwerp is een ontwerp dat een systeem in staat stelt om de beoogde werking voort te zetten, wanneer een deel van het systeem uitvalt, mogelijk op een lager niveau, in plaats van volledig uit te vallen. Het gebruik van redundante software om te herstellen van een softwarestoring vereist echter bijzondere voorzichtigheid vanwege de onderscheidende eigenschappen van software. In tegenstelling tot hardware, waar fysieke fouten de overhand hebben, zijn softwaredefecten tijdsonafhankelijke defecten. Fouten ontstaan door het gebruik van dezelfde ingangen die dezelfde gebrekkige elementen van een programma in werking stellen. Daarom kunnen dubbele kopieën van een programma de fouten niet verwijderen of zelfs de locatie van de fouten niet vinden. De belangrijkste oorzaak van hardware onbetrouwbaarheid is een willekeurige storing, welke van de software is de complexiteit ervan. De complexiteit van software leidt tot verschillende problemen. Deze observaties leiden tot de conclusie dat als er redundante software wordt gebruikt in een poging om software fouttolerantie te bereiken, dan mag het geen dubbele kopie zijn van dezelfde software, maar moet het gebaseerd zijn op dezelfde eisenspecificaties.

Een manier om een systeem te ontwerpen dat gebruik kan maken van meerdere software-redundantietechnieken, zoals variaties van Recovery Blocks en N-versieprogrammering is beschreven [Daniels, Kim & Vouk (1997)].

Herstelblokken werden voor het eerst geïntroduceerd door Horning et al. [Horning et al. (1974)]. Dit schema is analoog aan het koude stand-by schema voor hardware fouttolerantie. In principe worden bij deze aanpak meerdere varianten van software die functioneel gelijkwaardig zijn, op een tijdloze manier ingezet. Met behulp van een *acceptatietest wordt* de validiteit van het resultaat van de primaire versie getest. Als het resultaat van de primaire versie de acceptatietest doorstaat, wordt dit resultaat gerapporteerd en stopt de uitvoering. Indien daarentegen het resultaat van de primaire versie de acceptatietest niet doorstaat, wordt een andere versie uit de meerdere versies ingeroepen en wordt het geproduceerde resultaat door de acceptatietest gecontroleerd. De uitvoering van de constructie stopt niet totdat de acceptatietest door één van de meerdere versies is geslaagd of totdat alle versies zijn uitgeput. De significante verschillen in de herstelblokaanpak ten opzichte van de programmering van de N-versie zijn dat slechts één versie tegelijk wordt uitgevoerd en dat de aanvaardbaarheid van de resultaten wordt bepaald door een test in plaats van door een meerderheidsstemming. De recovery block-techniek is toegepast op real life systemen en is de basis geweest voor de gedistribueerde recovery block-structuur voor de integratie van hardware- en softwarefoutentolerantie en de uitgebreide gedistribueerde recovery block-structuur voor commando- en besturingstoepassingen. De modellering en analyse van herstelblokken zijn beschreven door Tomek et al. [Tomek, Muppala & Trivedi (1993)], [Tomek & Trivedi (1994)].

Herstel blok is methode om de betrouwbaarheid van software met alternatieve kopieën te garanderen. Het begint met een acceptatietest, als het niet lukt dan proberen alternatieve punt als het weer mislukt, probeer dan een andere alternatieve en ga zo maar door. Als alle alternatieve geprobeerd en mislukt dan het verhoogt een fout. Het kan worden samengevat in het volgende blok:

Zorg voor <acceptatietest>

Via

    <Primaire module>

Anders door

    <Alternatieve module>

Anders door

    <Alternatieve module>

    ...

Anders door

    <Alternatieve module>

Andere fout

De volgende figuur beschrijft het herstelblokmechanisme:

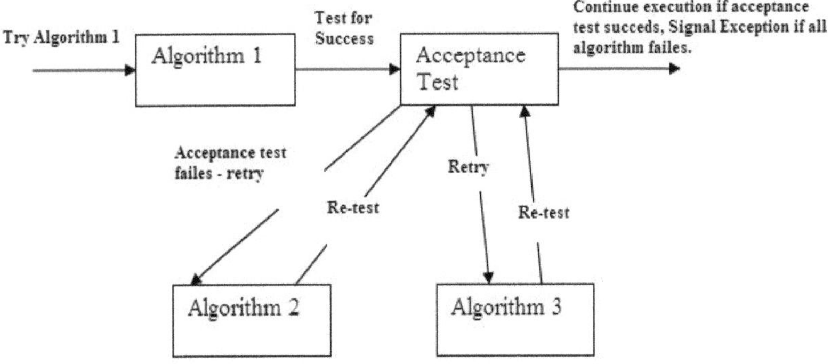

Figuur 3.2 Herstelblok

Hier komen de alternaties overeen met de varianten van Programma, en de acceptatietest aan de acceptor, waarbij de bovenstaande tekst in feite een uitdrukking is van de regelaar. Bij het invoeren van een herstelblok moet de toestand van het systeem worden opgeslagen om het herstel van een fout mogelijk te maken, d.w.z. om een controlepunt op te zetten. De primaire vervanger wordt uitgevoerd en vervolgens wordt de acceptatietest geëvalueerd om een acceptatie van het resultaat van deze primaire vervanger te verkrijgen. Als de acceptatietest geslaagd is, wordt het resultaat als succesvol beschouwd en kan het herstelblok worden verlaten, waarbij de informatie over de toestand van het systeem bij binnenkomst (d.w.z. het controlepunt) wordt verwijderd. Als de test echter mislukt of als er tijdens de uitvoering van de afwisselende test op een andere manier fouten worden ontdekt, wordt er een uitzondering gemaakt en wordt er een beroep gedaan op achterwaartse foutherstel. Hierdoor wordt de toestand van het systeem hersteld tot wat het bij binnenkomst was. Na een dergelijke recovery wordt de volgende alternate uitgevoerd en vervolgens wordt de acceptatietest opnieuw toegepast. Deze volgorde gaat door totdat ofwel een acceptatietest is geslaagd ofwel alle plaatsvervangers zijn gezakt voor de acceptatietest. Als alle plaatsvervangers de test niet doorstaan of een uitzondering maken (omdat er een interne fout is ontdekt), wordt er een uitzondering op de storing gesignaleerd aan de omgeving van het herstelblok. Aangezien herstelblokken kunnen worden genest, en dan zou het opheffen van zo'n uitzondering van een innerlijk herstelblok het herstel in het bijhorende blok oproepen.

3.3 Voorgesteld model voor het testen

Het idee van een herstelblokmechanisme wordt gebruikt om een nieuw model voor te stellen en er wordt een acceptatietest voorgesteld zoals onder. Elk programma kan worden gezien als een mapping van inputs naar outputs. Als men programma's kan bouwen op basis van bepaalde eisenspecificaties, dan moet men ook programmaspecificaties genereren door het programma te bestuderen. Met andere woorden, als P een programma is dat invoer X naar Y in kaart brengt, dan kan men een programma P' schrijven dat Y als invoer neemt en deze in kaart brengt naar X. Als nu de invoer van P en de uitvoer van P' overeenkomen, dan zullen ze beiden elkaar testen op functionaliteit. Als men bijvoorbeeld een programma schrijft om de factorial (N!) van een gegeven nummer N te vinden, dan kan men ook een programma schrijven om het nummer N te vinden met een gegeven factorial (N!). Dus als er één ingang wordt gegeven aan het eerste programma zeg 5 en 120 is de uitgang, dan kan deze 120 worden gegeven als ingang voor het tweede programma en kan de uitgang worden waargenomen, als het 5 is dan doen beide programma's het testen van elkaar. Komen deze niet overeen, dan kan een van beide fout zijn, dus noodzakelijke acties worden ondernomen. Dit hele proces kan worden samengevat in figuur 3.3 zoals hieronder.

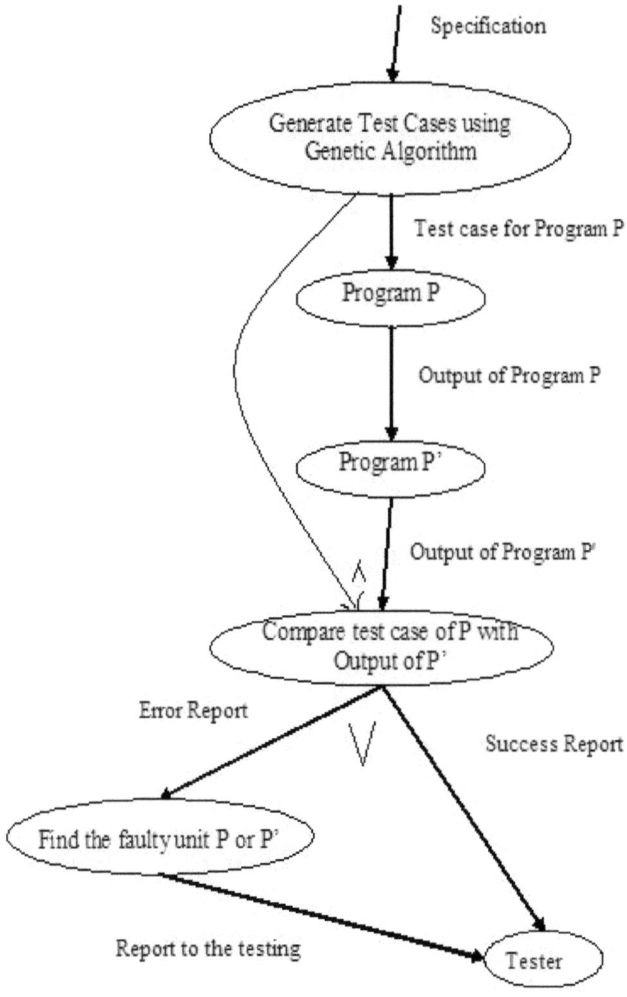

Figuur 3.3: Voorgesteld model op basis van acceptatietest

Dit kan in aantal programma's worden gedaan door er een aanvullend programma van te maken. Er worden twee casestudies genomen om de haalbaarheid van dit model te bestuderen:

a) Factorial van een bepaald aantal

b) Volgende datum voor een bepaalde huidige datum

Testgevallen worden gegenereerd met behulp van genetische algoritmen en willekeurige testen. Uit de resultaten blijkt dat het genetische algoritme betere testgevallen genereert dan steekproefsgewijs testen.

i) **Factorial van een getal**: Als een programma kan worden geschreven om een factorial te vinden als een getal is gegeven als invoer, dan kan men ook een programma schrijven om het getal te vinden als een factorial is gegeven als invoer. De codering in MATLAB is bijgevoegd in bijlage-IV. Dus omgekeerd programma kan het werk voor dit voorbeeld doen:

Hoofdprogramma om factorial te vinden: -

Invoer: aantal waarvan de factorial moet worden berekend

Uitgang: factorial van een gegeven aantal

Factorieel()

```
{
      int i=0, feit=0;
      voor i = 1 tot en met num
            feit = feit * i;
      einde
}
```
Tweede programma om het nummer te vinden waarvan de factorial is gegeven: -

Invoer: factorial van een gegeven aantal

Uitgang : aantal waarvan de factorial moet worden berekend

NumofFactorial()

```
{
      int num = 1, tfact = 1;
      voor c = 1 tot feit
            tfact = tfact * c ;
            als (tfact == feit)
                  onderbreking;
            einde
      einde
}
```

Dus een getal kan worden doorgegeven aan *Factorial* functie om de factorial van het uit te vinden, en dan wat de uitgang van de factorial functie is kan weer worden doorgegeven als input voor *NumofFactorial* functie. Het zal wat uitvoer genereren, en dan zal deze uitvoer worden gecontroleerd met de originele input, als ze hetzelfde zijn, betekent dit dat beide geschreven programma's correct zijn. Terwijl ze elkaar testen.

ii) **Functie voor de volgende datum**: Dit is de functie die de volgende datum van de ingevoerde datum weergeeft. Dit kan ook gebruikt worden in het herstel-blok, alsof men een programma kan schrijven om de volgende datum te vinden, dan kan ook een programma voor het vinden van de vorige datum worden geschreven. De codering in MATLAB is in bijlage-III opgenomen.

Hoofdprogramma om de volgende datum te vinden: -

Invoer: een datum

Uitgang : volgende datum van invoer

VolgendeDatum()

{

      lees de huidige datum;
      controleer of de maand in het bereik van 1-12 ligt;
      Controleer of de datum binnen het bereik van 1-31 ligt;
      Controleer of het jaartal binnen het bereik van 1951-2050 ligt;
      Als een controle mislukt, ga dan terug naar de invoer van de huidige datum met een foutmelding.
         Bereken volgende maand;
         Bereken volgende dag;
         Bereken volgend jaar;
      Geef de volgende datum terug;

}

Tweede programma om de vorige datum te vinden: -

Invoer: een datum

Uitgang : vorige datum van invoer

VorigeDatum()

{

lees de huidige datum;

controleer of de maand in het bereik van 1-12 ligt;

Controleer of de datum binnen het bereik van 1-31 ligt;

Controleer of het jaartal binnen het bereik van 1951-2050 ligt;

Als een controle mislukt, ga dan terug naar de invoer van de huidige datum met een foutmelding.

Bereken prevMaand;

Bereken prevDay;

Bereken het jaar ervoor;

Retourneer PrevDate;

}

Dus een datum kan worden doorgegeven aan de *NextDate* functie om de volgende datum te achterhalen, en dan kan alles wat de output van de *NextDate* functie is weer worden doorgegeven als input voor de *PreviousDate* functie. Het zal wat uitvoer genereren, en dan zal deze uitvoer worden gecontroleerd met de originele invoer, als beide data gelijk zijn, betekent dit dat beide geschreven programma's correct zijn. Zoals ze elkaar testen.

Samenvatting

Het idee van het voorgestelde model is ontleend aan de techniek van het herstelblok. Herstelblokken werden voor het eerst geïntroduceerd door Horning en zijn teamgenoten. Dit schema is analoog aan het koude stand-by schema voor hardware fouttolerantie. In principe worden bij deze aanpak meerdere varianten van software die functioneel gelijkwaardig zijn, op een tijdloze manier ingezet. Een *acceptatietest* wordt gebruikt om de validiteit van het resultaat van de primaire versie te testen. Als het resultaat van de primaire versie de acceptatietest doorstaat, wordt dit resultaat gerapporteerd en stopt de uitvoering. Indien daarentegen het resultaat van de primaire versie de acceptatietest niet doorstaat, wordt een andere versie uit de meerdere versies ingeroepen en wordt het geproduceerde resultaat door de acceptatietest gecontroleerd. De aanvullende versie van het programma kan de taak uitvoeren. In dit hoofdstuk zijn twee programma's genomen voor experimenten. De testgevallen zijn gegenereerd met behulp van het Genetisch Algoritme en er zijn willekeurige testen voor gemaakt en de acceptatietest is voor hen gedefinieerd.

4.1 Implementatiesoftware - MATLAB

In dit onderzoek zijn genetische algoritmen geïmplementeerd met behulp van MATLAB. MATLAB staat voor MATrix LABoratory en is ontwikkeld door The MathWorks Inc. Dr. Cleve Moler, Chief Scientist bij The MathWorks Inc. schreef oorspronkelijk MATLAB om eenvoudige toegang te bieden tot de matrixsoftware die in het LINPACK- en EISPACK-project is ontwikkeld. Dit zijn zorgvuldig geteste programmeerpakketten van hoge kwaliteit voor het oplossen van lineaire vergelijkingen en eigenwaardeproblemen. Later heeft Jack Little het commerciële potentieel van MATLAB benut en met toestemming MATLAB in C herschreven, "M-files" en vele nieuwe functies en bibliotheken toegevoegd en op de markt gebracht.

MATLAB is een softwarepakket dat wordt gebruikt om wetenschappelijke berekeningen en visualisatie uit te voeren. Het heeft een verbeterd vermogen om verschillende wetenschappelijke problemen te analyseren. Het is zeer flexibel en heeft krachtige graphics. Het biedt een geïntegreerde ontwikkelomgeving (IDE) voor het programmeren met tal van vooraf gedefinieerde functies voor technische berekeningen en visualisaties. Het kan ook door de gebruiker gedefinieerde functies bevatten. MATLAB biedt een uitstekende rekentaal, ingebouwde state-of-the-art algoritmen voor wiskunde en een uitstekende visualisatie met behulp van kant-en-klare functies. Functies en programmeerconstructies die beschikbaar zijn in C of C++ zijn ook beschikbaar in MATLAB [Bansal *et al.* 2009].

In MATLAB zijn ingebouwde functies voor het verwerken van matrices in complexe wiskundige berekeningen opgenomen, waardoor de programmeertijd van de gebruiker wordt bespaard. Voor de visualisatie is een groot aantal functies beschikbaar voor tweedimensionale en driedimensionale grafieken. MATLAB biedt Graphical User Interface (GUI) tools voor het verwerken van grafieken en het uitvoeren van gespecialiseerde bewerkingen op grafieken. MATLAB bevat verschillende toolboxen voor specifieke toepassingen zoals wiskundige analyse, data-acquisitie, ontwerp van besturingssystemen, digitale signaalverwerking, neurale netwerken, enz.

De programmeeromgeving van MATLAB is zeer interactief. Programma's worden eerder geïnterpreteerd dan samengesteld. Dit maakt het debuggen daarin makkelijker. Aangezien het een geïnterpreteerde taal is, is het mogelijk om numerieke berekeningen uit te voeren en de resultaten te visualiseren zonder de noodzaak van complexe programmering. Het stelt gebruikers in staat om problemen nauwkeurig op te lossen, eenvoudig graphics te produceren en efficiënt code te produceren. MATLAB is het beste voor geavanceerde wiskunde, vooral voor grote datasets en voor zaken als matrixalgebra [Bansal *et al.* 2009].

Voordelen van MATLAB zijn:

- gebruiksgemak,

- krachtige graphics en plotting,

- Platformonafhankelijkheid,

- Uitgebreide reeks van vooraf gedefinieerde functies.

In MATLAB zijn verschillende modules ontwikkeld voor verschillende operatoren van genetische algoritmen. De broncode is algemeen gemaakt zodat deze met weinig aanpassingen in meer modules zal worden gebruikt. De broncode is modulair, structureel en eenvoudig te gebruiken. Noodzakelijke documentaties zijn gedaan om het leesbaar en gemakkelijk te begrijpen te maken.

Het doel van MATLAB is om ons in staat te stellen complexe numerieke problemen op te lossen, zonder dat we programma's hoeven te schrijven in traditionele talen zoals *C.* Zo interpreteert MATLAB commando's zoals *Basic*, in plaats van het compileren van broncode zoals *C* vereist. Door gebruik te maken van de relatief eenvoudige programmeermogelijkheden van MATLAB is het zeer eenvoudig om nieuwe commando's en functies in MATLAB te creëren. Daarnaast kunnen deze ontwikkelde MATLAB-programma's (of scripts) zonder aanpassingen op verschillende computers met MATLAB draaien. Vandaag de dag heeft MATLAB zich ontwikkeld tot een zeer krachtige programmeeromgeving door het leveren van tal van toolboxen zoals signaalverwerking, beeldverwerking en controles, optimalisatie en statistische berekeningen.

4.2 Verbeterde analyse van de grenswaarde

De Genetic Algorithm (Genetic Algorithm) benadering drijft het dynamisch genereren van testgevallen aan door het testen te richten op gebieden met een hoog gebruik (frequentie) en een hoge foutgevoeligheid (ernst) van de software. Het testen is een proces dat effectief moet worden uitgevoerd. Uitgebreid testen is niet mogelijk vanwege de beperking van de middelen. In het verleden is gebleken dat testgevallen in verschillende klassen liggen en dat programmeurs meer fouten maken in deze klassen van testgevallen. De belangrijkste klasse hiervan is de grenswaarde; er is meer kans op het falen van software bij grenzen. Automatische testcase generatie moet zich richten op deze testcase klassen die meer cruciaal zijn voor software. Grenswaarden van een programma worden beschreven als invoergrenzen van de variabelen die in het programma worden gebruikt. Voor het tekenen van het probleem wordt een functie F gebruikt. F is een functie van twee variabelen, x1 en x2. Wanneer de functie F als programma wordt geïmplementeerd, zullen deze invoervariabelen enkele grenzen hebben:

$$a <= x1 <= b;$$

$$c <= x2 <= d;$$

De invoerruimte van functie F is weergegeven in figuur 4.1. Elk punt binnen de gearceerde rechthoek is een legitiem punt voor de functie F.

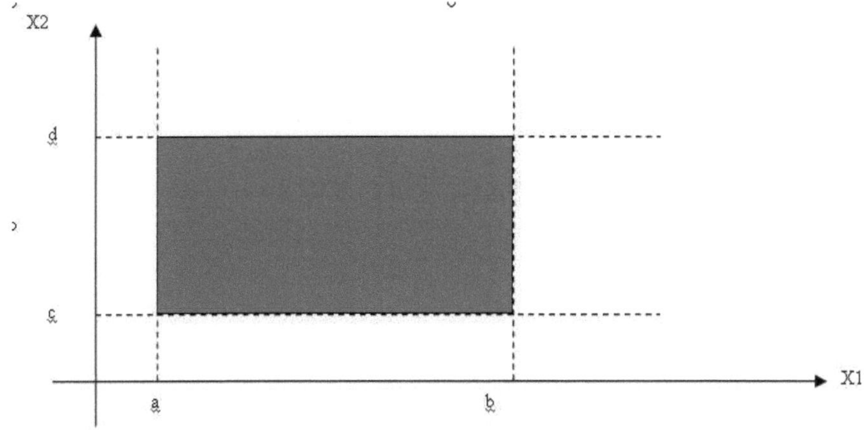

Figuur 4.1: Invoerdomein van een functie van twee variabelen

De analyse van de grenswaarde richt zich op de grens van de invoerruimte om testgevallen te identificeren. Omdat maximale fouten worden begaan op de grenzen zoals een programma kan een typefout maken < in plaats van <=. Het basisidee is dus om vijf waarden te selecteren, minimum, net boven de minimum, nominale waarde, net onder het maximum en het maximum. De testcase-waarden die voor de grenswaardeanalyse liggen, zijn dus weergegeven in figuur 4.2.

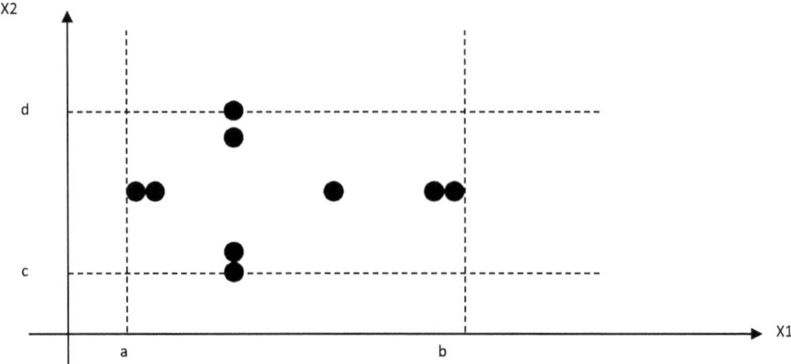

Figuur 4.2: Testgevallen voor grenswaardeanalyse voor een functie van twee variabelen

Vandaar dat het duidelijk is uit de figuur 4.2, waar de grenswaarde-analysetests worden uitgevoerd. De analyse van de grenswaarde heeft geen zin voor Booleaanse variabelen. Want de extreme waarden voor deze variabelen zijn WAAR en VALS. De andere drie slots kunnen dus niet gevuld worden voor grenswaarde-analyse. Boundary value analysis werkt goed in programma's waar het programma functioneert met verschillende onafhankelijke variabelen die een begrensd aantal fysieke grootheden vertegenwoordigen.

In dit onderzoek voerde de onderzoeker de identificatie van deze grenzen automatisch uit door middel van een Genetisch algoritme en steekproeven en vergelijkt vervolgens de resultaten van beide technieken. Genetisch algoritme en random testen beginnen beide met een willekeurige initiële populatie en vervolgens gebruikt het Genetisch Algoritme de geschiktheid van individuen om naar het optimum te gaan, terwijl random testen willekeurig werkt gedurende de hele run. Voor dit experiment wordt de afstand tot de grenzen genomen als de geschiktheid van het individuele chromosoom, het doel zal zijn om deze afstand te minimaliseren.

4.2.1 Genetisch algoritme voor het genereren van testgevallen

Het voorgestelde genetische algoritme voor het genereren van testgevallen voor de analyse van de grenswaarde wordt hier gepresenteerd. Eerst worden de belangrijkste componenten van het genetisch algoritme besproken en vervolgens wordt het algemene algoritme gepresenteerd.

In het voorgestelde Genetische Algoritme wordt waardecodering gebruikt in het chromosoom, d.w.z. dat reële waarden worden gebruikt om de ingangsvariabelen x1,x2,.... van het programma weer te geven. De lengte van het chromosoom is afhankelijk van het aantal variabelen.

Stel dat men testgevallen wil genereren van een programma P met invoervariabelen x1 en x2. Die hebben elk hun waardebereik binnen een bepaald domein zeggen [c, d]. Dan zijn de waarden die het chromosoom vertegenwoordigen [a1, a2], waarbij a1 en a2 ranges zijn binnen het respectievelijke variabelen domein [c, d].

De initiële populatie wordt willekeurig gegenereerd zoals besproken in de sectie Representatie. pop_size vectoren van c_size lengte worden willekeurig gegenereerd, waarbij pop_size de grootte van de populatie is, en c_size het aantal variabelen. Voor de zoekruimtewaarden wordt de initiële populatie gegenereerd met 5 minder dan de ondergrens van de variabele, en 5 meer dan de bovengrens, d.w.z. als de ondergrens en bovengrens respectievelijk 5 en 15 zijn, dan worden initiële waarden gegenereerd van 0 (5-5) tot 20 (15+5). Verschillende waarden van pop_grootte worden genomen onder experimenten en de beste werden gekozen.

De geschiktheid van elk chromosoom wordt bepaald door het verschil met de grenzen van de variabele. Hoe meer een variabele dicht bij de grenzen ligt, hoe meer deze geschikt wordt verklaard.

Geschiktheid (popsize, chromLengte, curpop)

 lBound = ondergrens van de variabele;

 uBound = bovengrens van de variabele;

 voor I = 1 tot popgrootte
  voor j = 1 tot chromLengte
   diffLower = lBound - curpop(i,j);
   diffUpper = uBound - curpop(i,j);
   moreClose = min(diffLower, diffUpper);
   fitness(i) = meerSluiten;
  einde
 einde
einde;

Na het berekenen van de geschiktheid van elke testcase in de huidige populatie, selecteert het algoritme testcases uit de effectieve leden van de huidige populatie die de ouders van de nieuwe populatie zullen zijn. In het selectieproces gebruikt het

Genetisch Algoritme de *rangmethode* [Goldberg (1989)], terwijl bij Random Testing gebruik wordt gemaakt van de *random selectiemethode*. Deze twee methoden worden hieronder beschreven.

i) Rangschikking: Voor de selectie van een nieuwe populatie met betrekking tot de waarschijnlijkheidsverdeling op basis van de fitness-waarden worden rangen met hen geassocieerd. Het selectieproces is gebaseerd op het selecteren van pop_grootte-elementen. Uiteraard worden sommige chromosomen meer dan eens geselecteerd.

ii) Willekeurige selectie: Bij deze methode wordt de selectie van de ouders willekeurig gemaakt, zodat elk effectief lid van de huidige populatie een gelijke kans heeft om geselecteerd te worden voor recombinatie.

Stel dat l leden van de huidige bevolking effectief waren, waarbij $l \leq pop\_size$.

De ouders zijn als volgt geselecteerd:

>Isoleer de effectieve leden en nummert ze van 1 tot l;

>Voor i=1 tot *pop_size* do

>Begin met

>>Genereer een willekeurig geheel getal j uit het bereik [0.. l];

>>Selecteer chromosoom vj uit de effectieve leden;

>Einde voor;

Het werkt op individueel niveau. Tijdens de cross-over wisselen twee ouders (chromosomen) op een willekeurige plaats in het chromosoom sub-snaar informatie (genetisch materiaal) uit om twee nieuwe snaren (nakomelingen) te produceren. Het doel is om in de loop van de tijd een betere populatie te creëren door materiaal van paren (fitter) leden van de ouderpopulatie te combineren. Crossover vindt plaats volgens een cross-over waarschijnlijkheid. De waarschijnlijkheid van crossover *pc* geeft ons het verwachte aantal *pc - pop_grootte* van chromosomen, die de crossover operatie ondergaan. Dit is als volgt:

Voor elk chromosoom in de (nieuwe) populatie:

- Genereer een willekeurig (zweef)getal r uit het bereik [0.. 1];

- Als r < pc dan selecteert u gegeven chromosoom voor crossover.

Nu zijn de geselecteerde ouders willekeurig gedekt. Voor elk paar geselecteerde ouders wordt een rekenkundige cross-over gebruikt met een crossover-kans van 0,7. De rekenkundige cross-over operator definieert een lineaire combinatie van twee chromosomen [Michalewicz (1994)]. Twee chromosomen worden willekeurig geselecteerd voor crossover en produceren twee nakomelingen die een lineaire combinatie zijn van hun ouders volgens de volgende berekening:

$Ci_{gen+1} = a.Ci_{gen} + (1-a). Cj_{gen}$

$Cj_{gen+1} = a.Cj_{gen} + (1-a). Ci_{gen}$

Waar C_{gen} een individu uit de oudergeneratie, C_{gen+1} een individu uit de kindgeneratie, 'a' het gewicht dat bepalend is voor het dominante individu in de voortplanting en het ligt tussen 0 en 1.

De volgende parameters worden gebruikt in experimenten:-

1. *Bevolkingsgrootte*: verschillende bevolkingsgroottes worden uitgeprobeerd en de beste worden genomen ter vergelijking, namelijk 10, 20, 50 & 100.

2. *Generaties*: het programma wordt uitgevoerd met een verschillend aantal generaties en er wordt ook rekening gehouden met minder en meer generaties, namelijk 100, 200, 500 & 1000.

3. *Codering*: chromosomen (testgevallen) worden gecodeerd in reële waarden, dus er wordt gebruik gemaakt van een waardecoderingsschema van het Genetisch Algoritme.

4. *Selectie*: Roulettewiel selectie wordt gebruikt voor Genetische Algoritme, en Willekeurige selectie wordt geïmplementeerd voor Willekeurige Tests.

5. *Crossover*: aantal beschikbare cross-overs voor de codering van de reële waarde, waarvan de rekenkundige crossover met een waarschijnlijkheid van 0,7 wordt toegepast.

6. *Mutatie:* uniforme mutatie wordt toegepast in experimenten met 0,1 waarschijnlijkheid.

7. *Vervanging*: Eenvoudige genetische algoritme-vervanging vindt plaats, waarbij de oude populatie door een hele nieuwe wordt vervangen.

4.2.2 Resultaten & observaties

Alle input is afkomstig van de gebruiker, zodat het testen met verschillende parameters eenvoudig kan worden uitgevoerd. De codering in MATLAB is opgenomen in bijlage I. De gebruikersinterface tijdens het draaien in MATLAB is als volgt: -

INPUTS:

Vul het aantal personen in de populatie in : 100

Voer het aantal variabelen in: 2

Voer het aantal generaties in : 200

Voer de grenzen van de 1e variabele in:

Ondergrens invoeren : 10Enter Bovengrens : 20

Voer de grenzen van de 2e variabele in:

Ondergrens invoeren : 10   Voer de bovengrens in : 20

Met het Genetisch Algoritme zijn de gegenereerde testgevallen als onder:

Tabel 4.1 Genetische algoritme versus willekeurige testen voor BVA

Variabelen / Looppas	Genetisch Algoritme		Willekeurig testen	
	Variabele 1	Variabele 2	Variabele 1	Variabele 2
1	19.20	9.92	6.67	14.65
2	11.78	19.58	9.75	18.78
3	21.4	10.3	11.23	15.6
4	20.1	11.90	18.87	6.56
5	8.7	19.3	6.98	7.45

Figuur 4.3 tot en met figuur 4.7 geven een toelichting op deze tests.

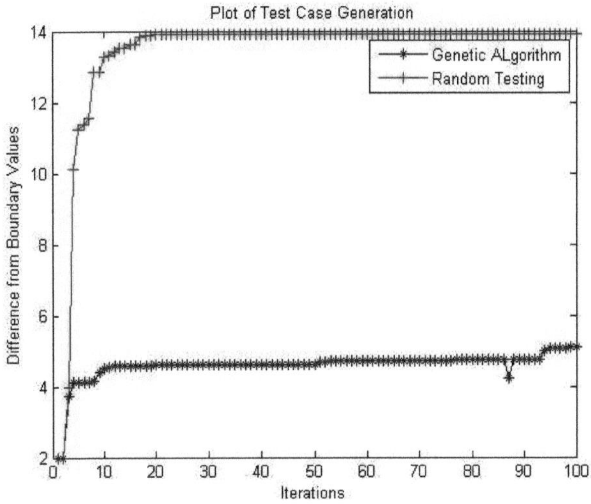

Figuur 4.3: Genetische algoritme versus willekeurig testen Zie rij 1 van tabel 4.1.

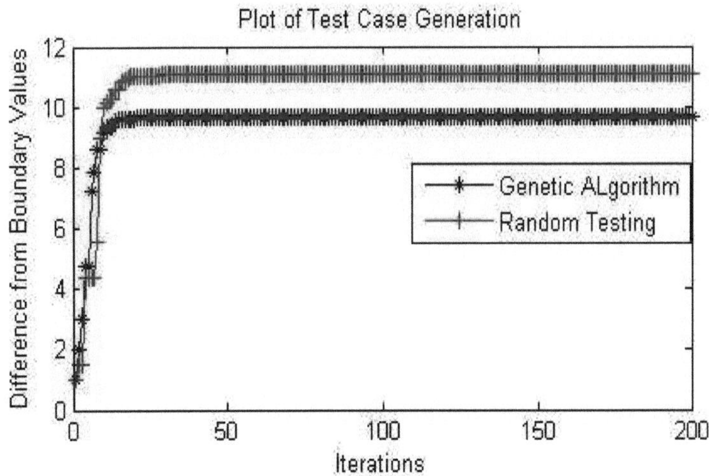

Figuur 4.4: Genetische algoritme versus willekeurige tests Zie rij 2 van tabel 4.1.

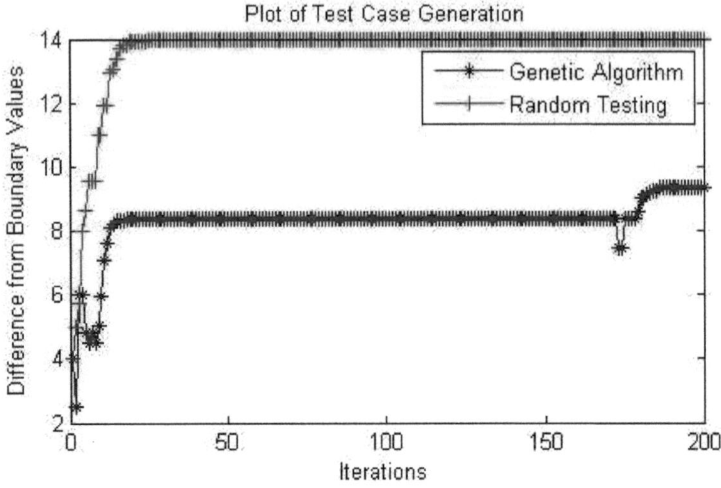

Figuur 4.5: Genetische algoritme versus willekeurige tests Zie rij 3 van tabel 4.1.

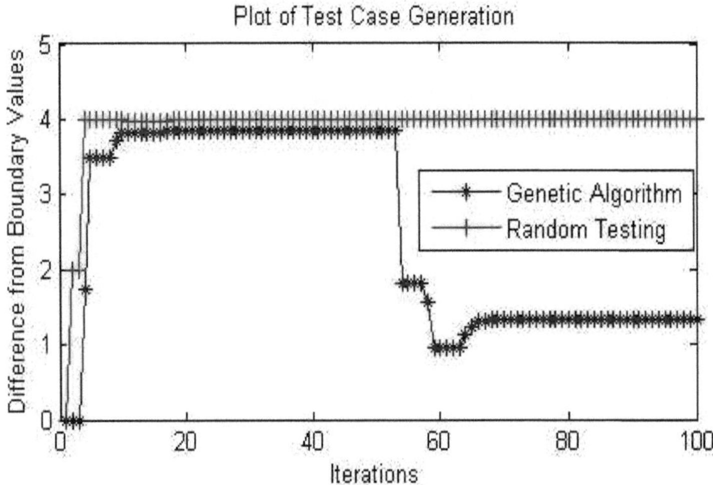

Figuur 4.6: Genetische algoritme versus willekeurig testen Zie rij 4 van tabel 4.1.

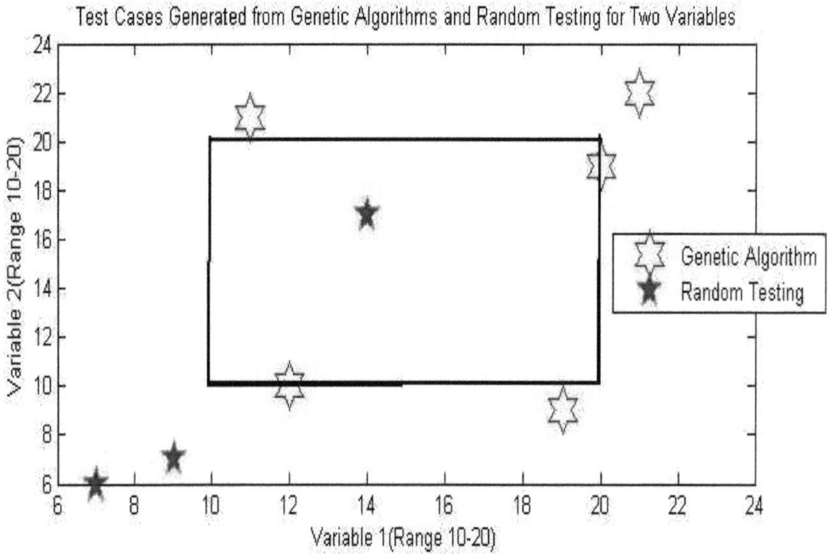

Figuur 4.7: Resultaten van de definitieve testgevallen van het genetisch algoritme en de steekproefsgewijze tests

Een andere run wordt uitgevoerd met de volgende ingangen:

INPUTS:

Vul het aantal personen in de populatie in : 20

Voer het aantal variabelen in: 2

Voer het aantal generaties in : 200

Voer de grenzen van de 1e variabele in:

Ondergrens invoeren : 5   *Voer de bovengrens in : 15*

Voer de grenzen van de 2e variabele in:

Ondergrens invoeren : 10   *Voer de bovengrens in : 20*

OUTPUTS:

Met het Genetisch Algoritme zijn de gegenereerde testgevallen als onder:

Tabel 4.2 Genetische algoritme versus willekeurige testen voor BVA

Variabelen / Looppas	Genetisch Algoritme		Willekeurig testen	
	Variabele 1	Variabele 2	Variabele 1	Variabele 2
1	14.14	12.79	14.00	14.93
2	6.68	9.84	10.95	12.39
3	16.63	15.88	10.34	15.34
4	16.96	10.98	11.88	16.96
5	6.50	9.52	8.11	12.72

Figuur 4.8 tot en met figuur 4.12 verklaart deze executies

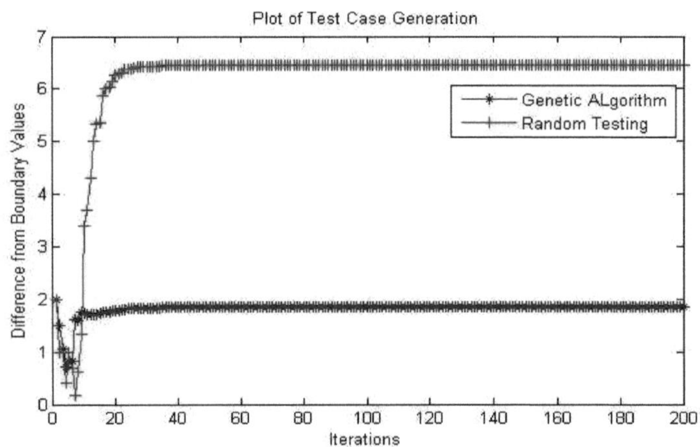

Figuur 4.8: Genetische algoritme versus willekeurige tests Zie rij 1 van tabel 4.2.

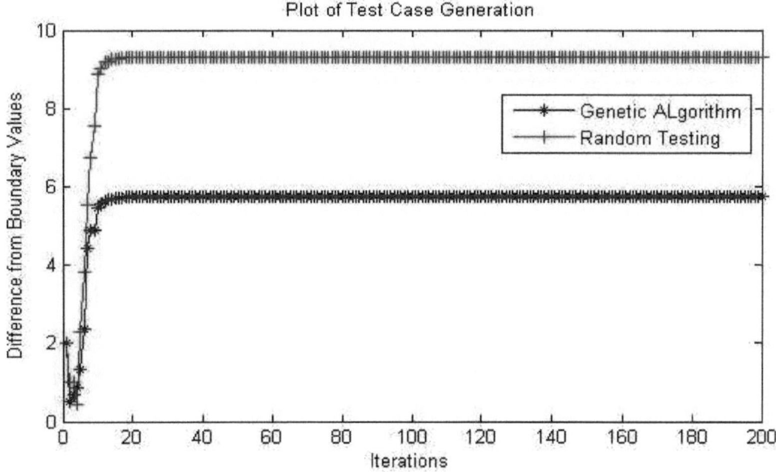

Figuur 4.9: Genetische algoritme versus willekeurige tests Zie rij 2 van tabel 4.2.

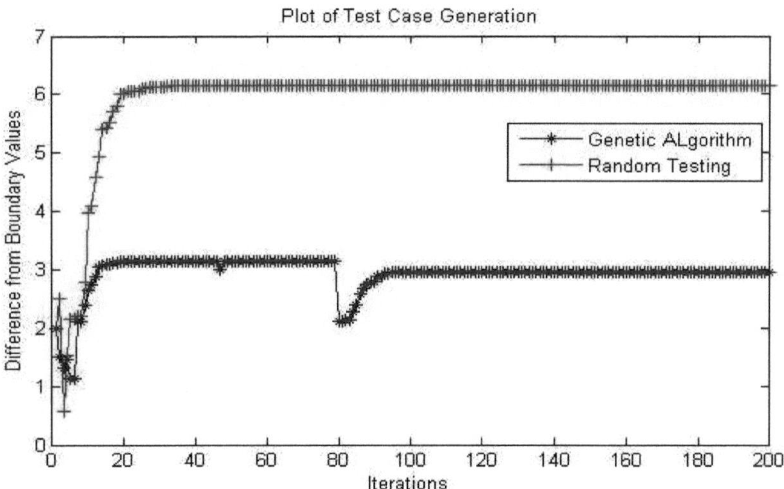

Figuur 4.10: Genetische algoritme versus willekeurig testen Zie rij 3 van tabel 4.2.

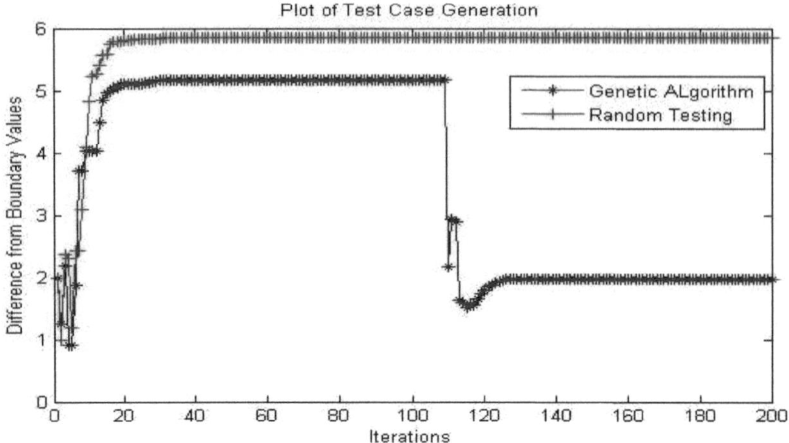

Figuur 4.11: Genetische algoritme versus willekeurig testen Zie rij 5 van tabel 4.2.

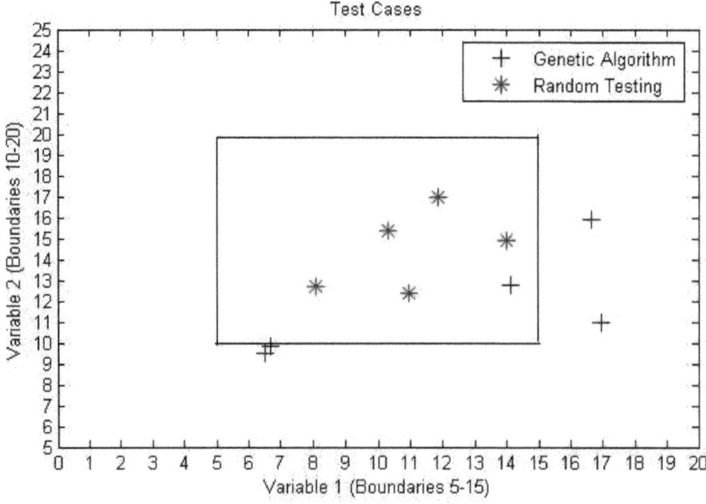

Figuur 4.12: Resultaten van de uiteindelijke analyse van de testgevallen

In een experiment met drie invoervariabelen wordt met behulp van het Genetisch Algoritme een snelle verbetering getoond ten opzichte van de Random Testing, en wel als volgt:

INPUTS:

Vul het aantal personen in de populatie in : 20

Voer het aantal variabelen in: 3

Voer het aantal generaties in : 200

Voer de grenzen van de 1e variabele in:

Ondergrens invoeren : 5   Bovengrens invoeren : 15

Voer de grenzen van de 2e variabele in:

Ondergrens invoeren : 3   Bovengrens invoeren : 13

Voer de grenzen van de 3e variabele in:

Ondergrens invoeren : 4   Bovengrens invoeren : 14

Uitgangen:

Met het Genetisch Algoritme zijn de gegenereerde testgevallen als onder:

Tabel 4.3 Genetisch algoritme Testgevallen voor BVA

Variabelen / Looppas	Variabele 1	Variabele 2	Variabele 3	Figuur Aantal
1	5.35	6.20	12.18	Figuur 4.13
2	3.22	12.71	5.90	Figuur 4.14
3	7.39	13.77	13.98	Figuur 4.15
4	14.76	10.76	11.17	Figuur 4.16
5	6.80	9.66	7.51	Figuur 4.17

Terwijl voor Willekeurige testen, zijn de gegenereerde testgevallen als onder:

Tabel 4.4 Willekeurige testgevallen voor BVA

Variabelen / Looppas	Variabele 1	Variabele 2	Variabele 3	Figuur Aantal
1	10.32	8.89	9.45	Figuur 4.13
2	5.34	9.98	8.15	Figuur 4.14
3	11.11	9.04	8.33	Figuur 4.15
4	9.73	7.96	10.05	Figuur 4.16
5	11.78	6.71	7.65	Figuur 4.17

Figuur 4.13 tot en met figuur 4.17 verklaart deze executies

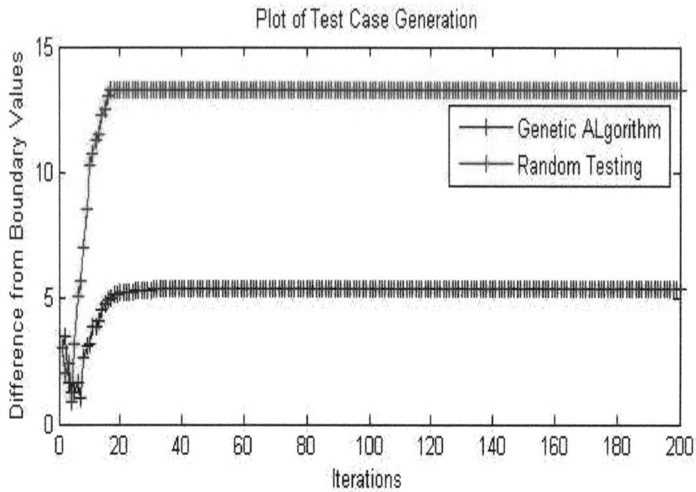

Figuur 4.13 Experimentele resultaten

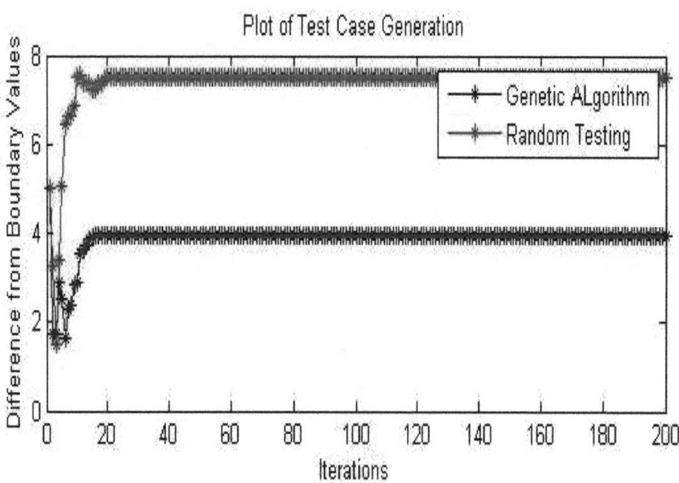

Figuur 4.14 Experimentele resultaten

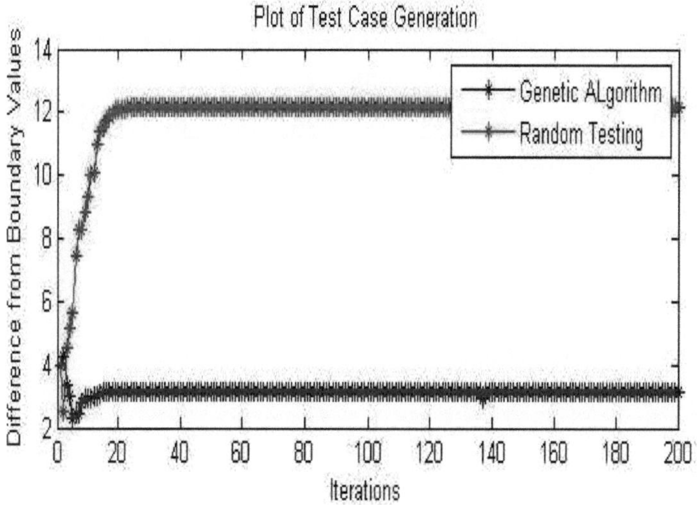

Figuur 4.15 Experimentele resultaten

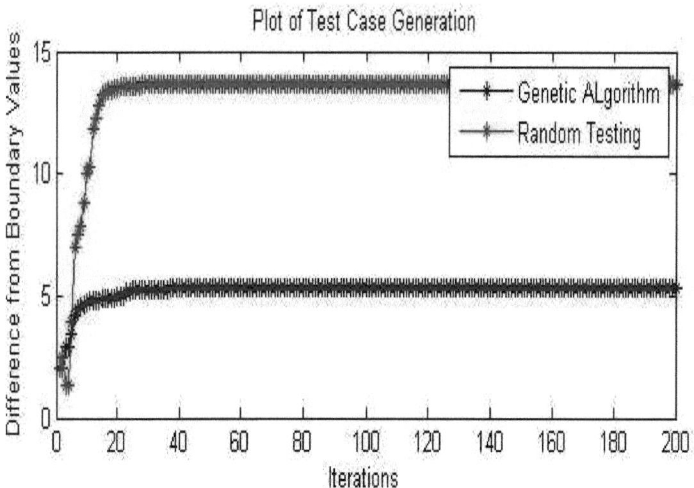

Figuur 4.16 Experimentele resultaten

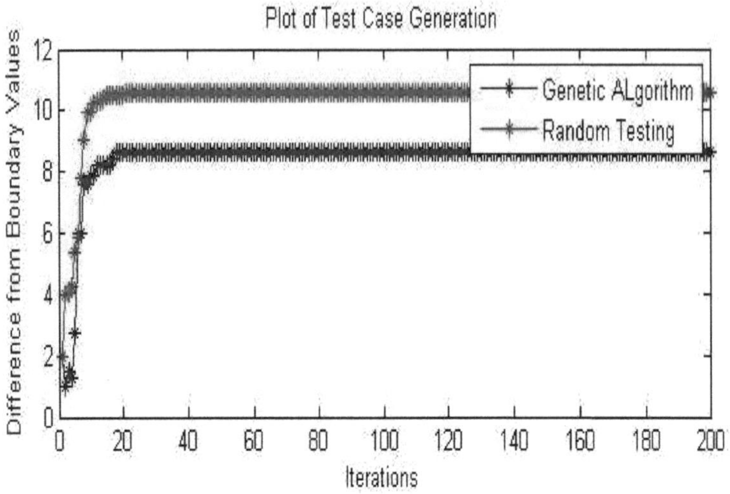

Figuur 4.17 Experimentele resultaten

Van al deze experimenten & hun resultaten, is het waargenomen dat Genetic Algorithm met succes kan worden gebruikt om testgevallen te genereren automatisch volgens de geschiktheidscriteria grenswaarde analyse & meer over het is beter dan steekproefsgewijs testen aanpak.

4.3 Verbeterde gelijkwaardigheidsklasseverdeling

Testen is een proces dat effectief moet worden uitgevoerd. Uitgebreide tests zijn niet mogelijk vanwege de beperking van de middelen. In het verleden is gebleken dat testgevallen in verschillende klassen liggen. Gelijkwaardigheidsklassen vormen een partitie van set, waarbij partitie verwijst naar een verzameling van onderling disjuncte deelverzamelingen waarbij de unie de gehele set is. Dit heeft twee belangrijke implicaties voor het testen van software: het feit dat de gehele set wordt gerepresenteerd zorgt voor een vorm van volledigheid en disjunctheid zorgt voor een vorm van non-redundantie. Omdat de deelverzamelingen worden bepaald door een gelijkwaardigheidsrelatie, hebben de elementen van één deelverzameling iets met elkaar gemeen. Het idee is dus om testgevallen te identificeren door gebruik te maken van één element uit elke equivalentieklasse. Als de klassen verstandig gekozen zijn, wordt de potentiële redundantie in de testcases sterk verminderd. Als men bijvoorbeeld voor een gelijkzijdige driehoek testcase kiest (3, 3, 3) als testcase, dan zou men niet verwachten veel te leren van (6, 6, 6) of (50, 50, 50). De sleutel tot het testen van equivalentieklassen is de keuze van de equivalentieverhouding, die de klassen verdeelt.

Omwille van de tekeningen wordt een functie F van twee variabelen x1, x2 gebruikt [Jorgenson (2002)]. Wanneer F wordt geïmplementeerd volgen de grenzen & intervallen voor de waarden van x1 en x2: -

$$a <= x1 <= d, \text{ met intervallen } (a,b), (b,c), (c,d)$$

$$e <= x2 <= g, \text{ met intervallen } (e,f), (f,g)$$

Ongeldige waarden voor x1 en x2 zijn x1 < a, x1 > d en x2 < e, x2 > g.

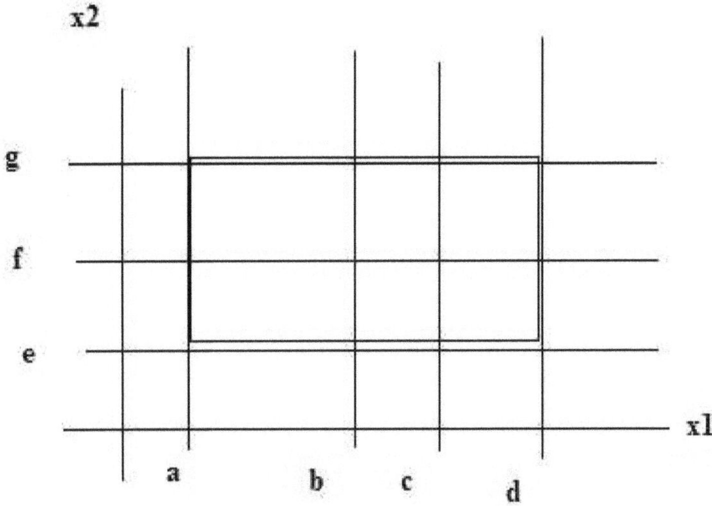

Figuur 4.18: Verdeling in equivalentieklassen voor variabele grenzen [Jorgenson (2002)].

Voor een meer algemeen voorbeeld van equivalentieklasse partities voor een nextDate module, die de eerstvolgende datum van de ingevoerde huidige datum teruggeven. Het kan worden gedaan als onder:

Het is een functie van drie variabelen en de grenzen zijn als volgt: -

$$M1 = \text{maand } (1 <= \text{maand} <= 12)$$
$$D1 = \text{datum } (1 <= \text{datum} <= 31)$$
$$Y1 = \text{jaar } (1951 <= \text{jaar} <= 2051)$$

De ongeldige equivalentieklassen waren: -

$$M2 = \text{maand} < 1$$
$$M3 = \text{maand} > 12$$
$$D2 = \text{datum} < 1$$
$$D3 = \text{datum} > 31$$
$$Y2 = \text{jaar} < 1951$$
$$Y3 = \text{jaar} > 2051$$

Dus de robuuste testgevallen met equivalentieklasse-test kunnen net zo goed zijn als onder:

Tabel 4.5 Robuuste testgevallen voor ECP

Maand	Datum	Jaar	Opmerkingen
5	15	1962	Alle geldige ingangen
-1	15	1962	M2-klasse
15	15	1962	M3-klasse
5	-1	1962	D2-klasse
5	45	1962	D3-klasse
5	15	1900	Y2-klasse
5	15	2100	Y3-klasse

In dit onderzoek heeft de onderzoeker de identificatie van deze grenzen/intervallen automatisch uitgevoerd door middel van een Genetisch algoritme en steekproefsgewijze testen en vervolgens de resultaten van beide technieken met elkaar vergeleken. Genetisch algoritme en random testen beginnen beide met een willekeurige initiële populatie en vervolgens gebruikt het Genetisch Algoritme de geschiktheid van individuen om naar het optimum te gaan, terwijl random testen willekeurig werkt gedurende de hele run. Voor dit experiment wordt de afstand tot de grenzen genomen als de geschiktheid van het individuele chromosoom. In tegenstelling tot de benadering van de grenswaardeanalyse, waarbij deze afstand geminimaliseerd moet worden, is de optimale afstand hier de afstand tussen de grens en een punt p, waar de locatie van p zich ergens in het midden van de twee grenzen moet bevinden.

4.3.1 Genetisch algoritme voor het genereren van testgevallen

Het voorgestelde genetische algoritme voor het genereren van testgevallen voor Equivalentieklasse Verdeling wordt hier gepresenteerd. Eerst worden de belangrijkste componenten van het genetisch algoritme besproken en vervolgens wordt het algemene algoritme gepresenteerd.

In het voorgestelde Genetische Algoritme wordt waardecodering gebruikt in het chromosoom, d.w.z. dat reële waarden worden gebruikt om de ingangsvariabelen $x1,x2,....$ van het programma weer te geven. De lengte van het chromosoom is afhankelijk van het aantal variabelen. De initiële populatie wordt willekeurig gegenereerd op basis van representatie.

De geschiktheid van elk chromosoom wordt bepaald door het verschil met de grenzen van de variabele. De optimale afstand is de afstand tussen de grens en een punt p, waar de locatie van p zich ergens in het midden van de twee grenzen moet bevinden. Hoe meer een variabele dicht bij de grenzen ligt, hoe meer deze geschikt wordt verklaard.

```
Geschiktheid (popgrootte, chromLengte, curpop)
      lBound = ondergrens van de variabele;
      uBound = bovengrens van de variabele;
      centrum = (lbound + ubound) / 2;
      diff = midden - lbound;

      voor I = 1 tot popgrootte
            voor j = 1 tot chromLengte
                  c1 = lbound - diff;
                  c2 = lbound + diff;
                  c3 = ubound + diff;

                  diff1 = c1 - curpop(I,j);
                  diff2 = c2 - curpop(I,j);
                  diff3 = c3 - curpop(I,j);

                  moreClose = min(diff1, diff2,diff3);
                  fitness(i) = meerSluiten;
            einde
      einde
einde;
```

De selectie wordt gedaan om de ouders te selecteren voor de voortplanting. Er zijn vele methoden om dit proces te doen. Roulettewiel en Willekeurige selectie werden respectievelijk gebruikt voor Genetisch Algoritme en Willekeurig testen in experimenten.

i) Rangschikking: Voor de selectie van een nieuwe populatie met betrekking tot de waarschijnlijkheidsverdeling op basis van de fitness-waarden worden rangen met hen geassocieerd. Het selectieproces is gebaseerd op het selecteren van pop_grootte-elementen. Uiteraard worden sommige chromosomen meer dan eens geselecteerd.

ii) Willekeurige selectie: Bij deze methode wordt de selectie van de ouders willekeurig gemaakt, zodat elk effectief lid van de huidige populatie een gelijke kans heeft om geselecteerd te worden voor recombinatie.

Stel dat l leden van de huidige bevolking effectief waren, waarbij $l \leq pop\_size$.

De ouders zijn als volgt geselecteerd:

Isoleer de effectieve leden en nummert ze van 1 tot l;

Voor i=1 tot *pop_size* do

Begin met

Genereer een willekeurig geheel getal j uit het bereik [0.. l];

Selecteer chromosoom vj uit de effectieve leden;

Einde voor;

Het werkt op individueel niveau. Tijdens de cross-over wisselen twee ouders (chromosomen) op een willekeurige plaats in het chromosoom sub-snaar informatie (genetisch materiaal) uit om twee nieuwe snaren (nakomelingen) te produceren. Het doel is om in de loop van de tijd een betere populatie te creëren door materiaal van paren (fitter) leden van de ouderpopulatie te combineren. Crossover vindt plaats volgens een cross-over waarschijnlijkheid. De waarschijnlijkheid van crossover *pc* geeft ons het verwachte aantal *pc - pop_grootte* van chromosomen, die de crossover operatie ondergaan. Dit is als volgt:

Voor elk chromosoom in de (nieuwe) populatie:

- Genereer een willekeurig (zweef)getal r uit het bereik [0.. 1];

- Als r < pc dan selecteert u gegeven chromosoom voor crossover.

Nu zijn de geselecteerde ouders willekeurig gedekt. Voor elk paar geselecteerde ouders wordt een rekenkundige cross-over gebruikt met een crossover-kans van 0,7. De rekenkundige cross-over operator definieert een lineaire combinatie van twee chromosomen [Michalewicz (1994)]. Twee chromosomen worden willekeurig geselecteerd voor crossover en produceren twee nakomelingen die een lineaire combinatie zijn van hun ouders volgens de volgende berekening:

Cigen+1 = a.Cigen + (1-a). Cjgen

Cjgen+1 = a.Cjgen + (1-a). Cigen

Waar Cgen een individu uit de oudergeneratie, Cgen+1 een individu uit de kindgeneratie, 'a' het gewicht dat bepalend is voor het dominante individu in de voortplanting en het ligt tussen 0 en 1.

De volgende parameters worden gebruikt in experimenten:-

1. *Bevolkingsgrootte*: er worden verschillende bevolkingsgroottes uitgeprobeerd en de beste worden genomen ter vergelijking, namelijk 10, 20, 50 & 100.

2. *Generaties*: het programma wordt uitgevoerd met een verschillend aantal generaties en er wordt ook rekening gehouden met minder en meer generaties, d.w.z. 100, 200, 500 & 1000.

3. *Codering*: chromosomen (testgevallen) worden gecodeerd in reële waarden, dus er wordt gebruik gemaakt van een waardecoderingsschema van het Genetisch Algoritme.

4. *Selectie*: Roulettewiel selectie wordt gebruikt voor Genetische Algoritme, en Willekeurige selectie wordt geïmplementeerd voor Willekeurige Tests.

5. *Crossover*: aantal beschikbare cross-overs voor de codering van de reële waarde, waarvan de rekenkundige crossover met een waarschijnlijkheid van 0,7 wordt toegepast.

6. *Mutatie:* uniforme mutatie wordt toegepast in experimenten met 0,1 waarschijnlijkheid.

7. *Vervanging*: Eenvoudige genetische algoritme-vervanging vindt plaats, waarbij de oude populatie door een hele nieuwe wordt vervangen.

4.3.2 Resultaten & observaties

Alle input is afkomstig van de gebruiker, zodat het testen met verschillende parameters eenvoudig kan worden uitgevoerd. De codering in MATLAB is opgenomen in bijlage-II. De gebruikersinterface tijdens het draaien in MATLAB is als volgt: -

Input:

Aantal personen in de populatie: 30, aantal variabelen: 2, Aantal Generaties : 500

grenzen van de 1e variabele : Ondergrens : 5 & Bovengrens : 15

grenzen van de 2e variabele : Ondergrens : 6 & Bovengrens : 16

Uitgangen: Met het Genetisch Algoritme worden de testgevallen als volgt gegenereerd:

Tabel 4.6 Genetisch algoritme versus steekproefsgewijs testen voor ECP

Variabelen / Looppas	Genetisch Algoritme		Willekeurig testen	
	Variabele 1	Variabele 2	Variabele 1	Variabele 2
1	9.25	9.89	6.52	7.85
2	16.52	2.53	12.86	14.78
3	8.56	12.53	11.23	10.85
4	3.85	22.52	9.86	6.98
5	5.65	15.95	12.56	7.39

In figuur 4.19 tot en met figuur 4.23 zijn de resultaten van deze executies als volgt weergegeven:

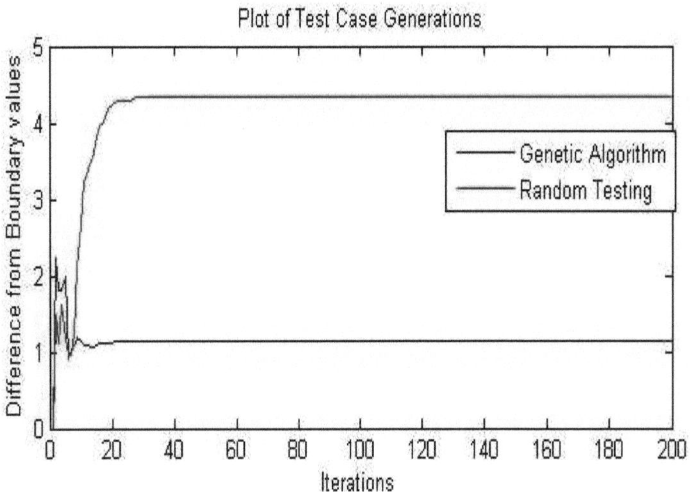

Figuur 4.19: Genetische algoritme versus steekproefsgewijs testen verwijzen naar rij 1 van tabel 4.6.

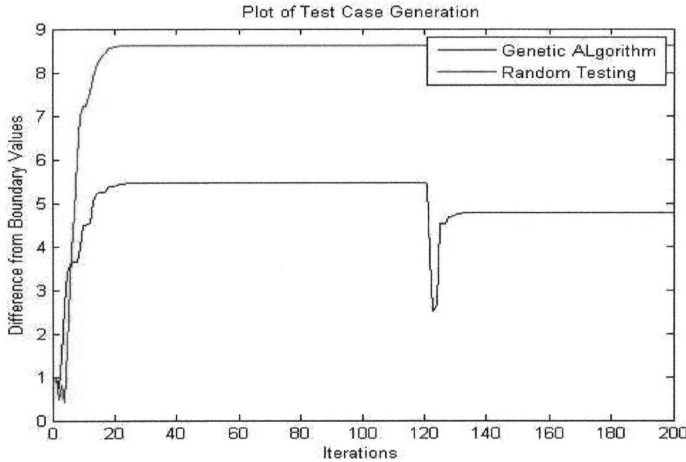

Figuur 4.20: Genetische algoritme versus steekproefsgewijs testen verwijzen naar rij 2 van tabel 4.6.

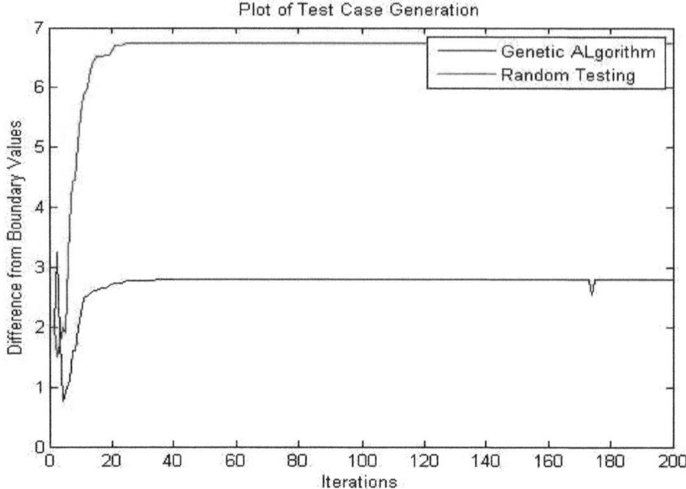

Figuur 4.21: Genetische algoritme versus steekproefsgewijs testen verwijzen naar rij 3 van tabel 4.6.

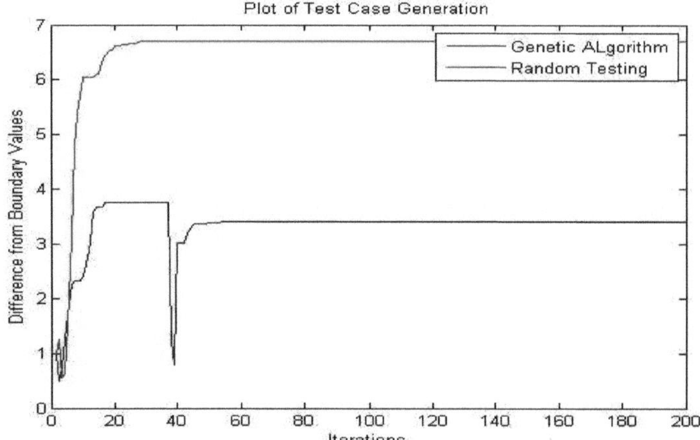

Figuur 4.22: Genetische algoritme versus steekproefsgewijs testen verwijzen naar rij 5 van tabel 4.6.

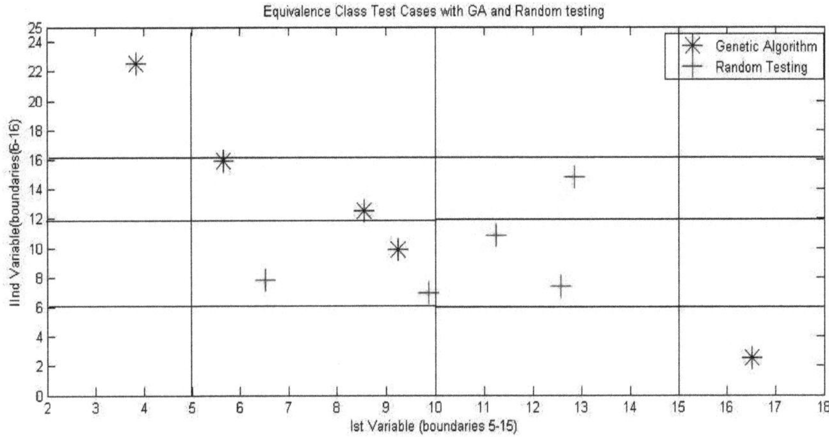

Figuur 4.23: Resultaten van de definitieve testgevallen met genetisch algoritme en steekproefsgewijs testen

Een andere run wordt uitgevoerd met de volgende in- en uitgangen:

Input:

Aantal personen in de populatie: 50, aantal variabelen: 2, Aantal Generaties : 500

grenzen van de 1e variabele : Ondergrens : 10 & Bovengrens : 20

grenzen van de 2e variabele : Ondergrens : 10 & Bovengrens : 20

grenzen van de 3e variabele : Ondergrens : 10 & Bovengrens : 20

Uitgangen: Met het genetische algoritme worden de testgevallen als volgt gegenereerd:

Tabel 4.7 Genetisch algoritme versus steekproefsgewijs testen voor ECP

Variabel en / Looppas	Genetisch Algoritme			Willekeurig testen		
	Variabel e 1	Variabel e 2	Variabe le 3	Variabele 1	Variabele 2	Variabele 3
1	10.2	11.5	9.9	9.1	8.4	16.7
2	19.5	10.3	8.9	8.0	12.7	24.5
3	12.4	11.6	19.8	19.8	12.4	11.5
4	12.8	9.7	18.7	11.7	14.5	7.8
5	10.7	20.8	19.7	18.6	11.6	23.6

Figuur 4.24 tot en met figuur 4.27 verklaart deze executies

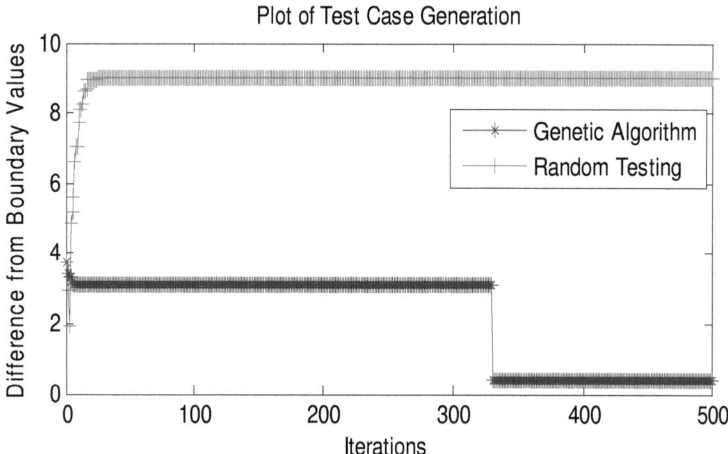

Figuur 4.24: Genetische algoritme versus willekeurig testen Zie rij 1 van tabel 4.7.

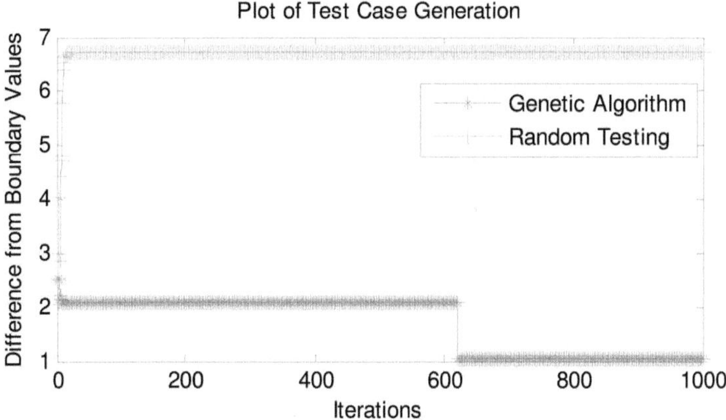

Figuur 4.25: Genetische algoritme versus steekproefsgewijs testen verwijzen naar rij 2 van tabel 4.7.

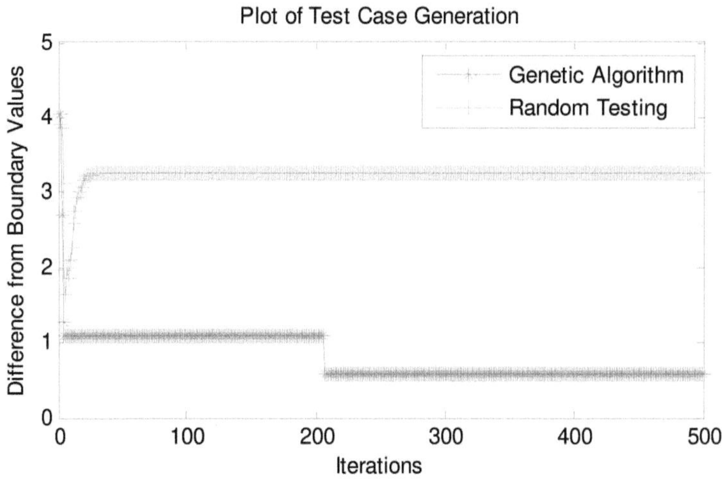

Figuur 4.26: Genetische algoritme versus steekproefsgewijs testen verwijzen naar rij 3 van tabel 4.7.

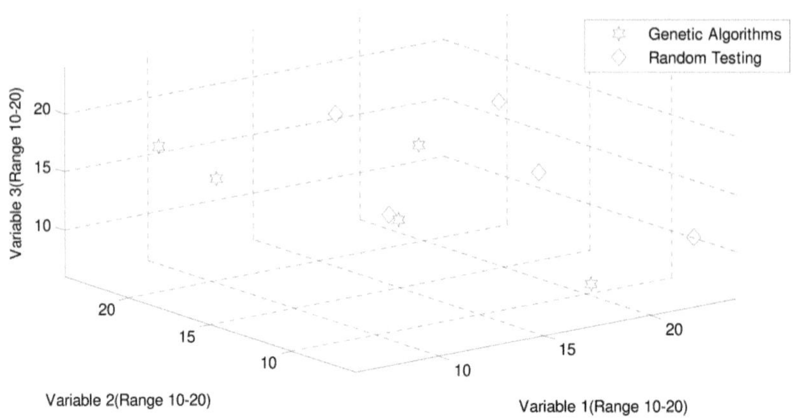

Figuur 4.27: Resultaten van de definitieve testgevallen met behulp van het genetisch algoritme en steekproefsgewijze tests

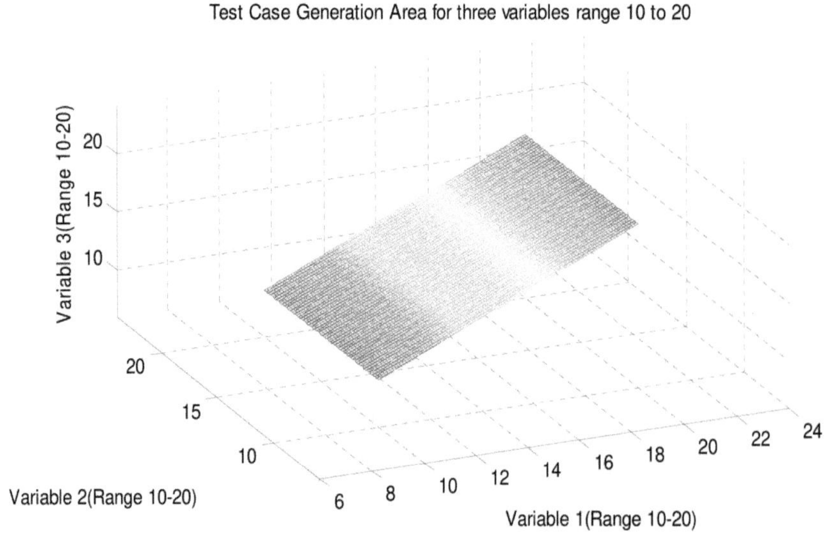

Figuur 4.28: De oppervlakte onder de drie variabelen volgens hun bereik (10-20)

In een experiment met drie invoervariabelen wordt met behulp van het Genetisch Algoritme een snelle verbetering getoond ten opzichte van de Random Testing, en wel als volgt:

INPUTS:

Vul het aantal personen in de populatie in : 50

Voer het aantal variabelen in: 3

Voer het aantal generaties in : 500

Voer de grenzen van de 1e variabele in:

Ondergrens invoeren : 5   Bovengrens invoeren : 15

Voer de grenzen van de 2e variabele in:

Ondergrens invoeren : 10   Voer de bovengrens in : 20

Voer de grenzen van de 3e variabele in:

Ondergrens invoeren : 10   Voer de bovengrens in : 50

Uitgangen:

Met het Genetisch Algoritme zijn de gegenereerde testgevallen als onder:

Tabel 4.8 Genetische algoritme Testgevallen voor ECP

Variabelen / Looppas	Variabele 1	Variabele 2	Variabele 3	Figuur Aantal
1	5.35	26.20	32.18	Figuur 4.29
2	13.22	12.71	55.90	Figuur 4.30
3	17.39	13.77	13.98	Figuur 4.31
4	14.76	8.76	15.17	Figuur 4.32
5	6.80	19.66	7.51	Figuur 4.33

Terwijl voor Willekeurige testen, zijn de gegenereerde testgevallen als onder:

Tabel 4.9 Willekeurige testgevallen voor BVA

Variabelen / Looppas	Variabele 1	Variabele 2	Variabele 3	Figuur Aantal
1	10.32	8.89	19.45	Figuur 4.29
2	5.34	9.98	8.15	Figuur 4.30
3	11.11	19.04	28.33	Figuur 4.31
4	9.73	7.96	10.05	Figuur 4.32
5	11.78	16.71	7.65	Figuur 4.33

Figuur 4.29 tot en met figuur 4.33 verklaart deze executies

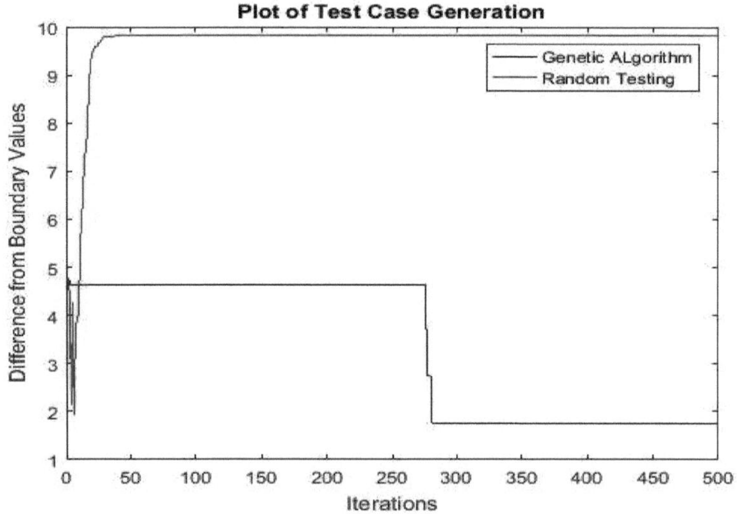

Figuur 4.29 Experimentele resultaten

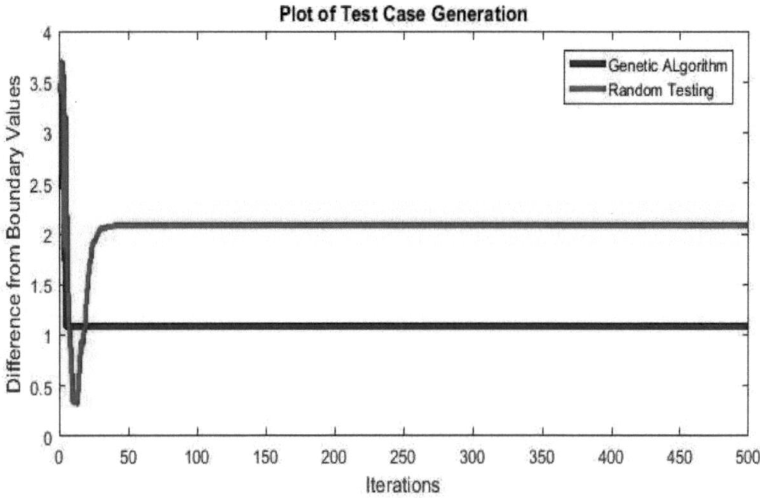

Figuur 4.30 Experimentele resultaten

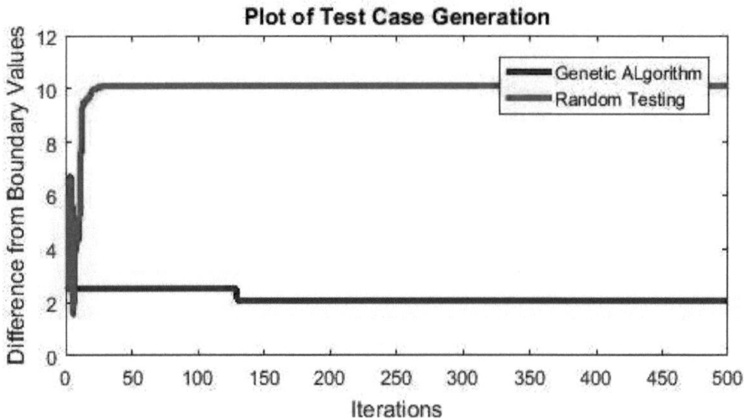

Figuur 4.31 Experimentele resultaten

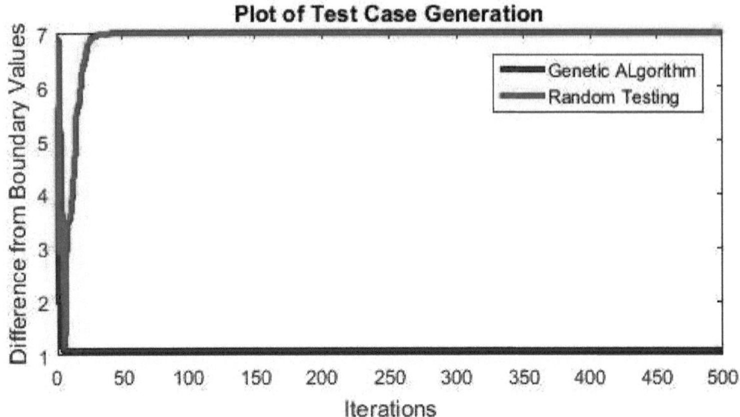

Figuur 4.32 Experimentele resultaten

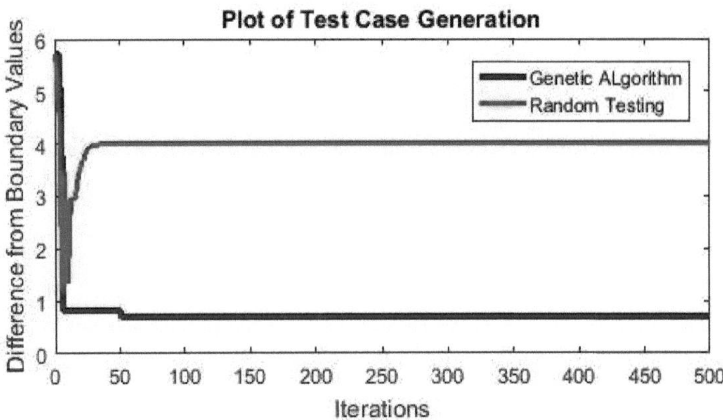

Figuur 4.33 Experimentele resultaten

De probleemruimte van deze variabelen kan als volgt worden getekend: -

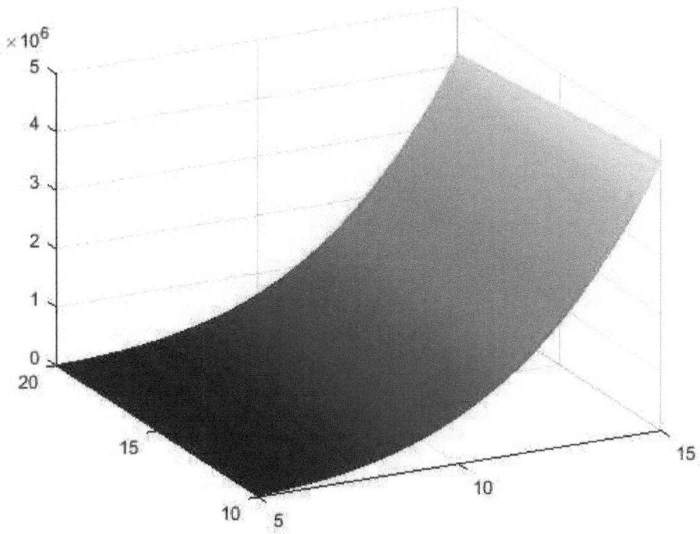

Figuur 4.34 Oplossingsruimte voor twee variabelen

Uit experimenten blijkt duidelijk dat testgevallen met genetische algoritmen zich over alle klassen verspreiden, terwijl steekproefsgewijze tests testgevallen voor een klein aantal equivalentieklassen opleveren. Men kan dus het Genetisch algoritme gebruiken om automatisch testgevallen te genereren en zo betere en bruikbare testgevallen als output te krijgen.

4.4 Effect op Product & Service gebaseerde bedrijven

Om de efficiëntie van de ontworpen foutdetectie- en -verwijderingsaanpak te controleren, worden sommige op producten en diensten gebaseerde bedrijven onderzocht voor hun traditionele methoden en wordt ook voorgesteld om de voorgestelde aanpak te gebruiken. De lijst van bedrijven en hun traditionele testcase-ontwerpmethoden wordt hieronder opgesomd: -

Tabel 4.9: Lijst van bedrijven en testinstrumenten

S.R. Nee.	Bedrijfsnaam	Bedrijfstype	Gereedschap voor het testen
1	Testbytes	Productgebaseerd	Zilverkleurig licht, Watir
2	Amazone-India	Service gebaseerd	Weblssue
3	Crestech	Service gebaseerd	Selenium, Jmeter en Qtp en Lr.
4	Oranje Mantra	Productgebaseerd	Handleiding
5	Infogain India	Productgebaseerd	Jitra, Automatisering
6	Menselijke Internationale Inia Pvt. Ltd.	Productgebaseerd	Testcase, Jira
7	Ci India Pvt. Ltd.	Productgebaseerd	Selenium, automatiseringstesten
8	Msg. Ai	Productgebaseerd	Jira, Bug Traching
9	Geestesboom	Servicegebaseerd / Productgebaseerd	Webapplicatie testen in Ruby (Watir)
10	Verisium Inc	Servicegebaseerd / Productgebaseerd	Doelplatform en Vcloudperformer
11	HP-onderzoekslaboratorium	Productgebaseerd	Httperf
12	Microsoft	Servicegebaseerd / Productgebaseerd	Neoload
13	Lambdatest Com	Productgebaseerd	Cresteen
14	Berpsuite	Productgebaseerd	Handleiding
15	Blaze Meter	Productgebaseerd	Lr en Qtp
16	Hp	Productgebaseerd	Qc en Lr , Utf/Qtp
17	Apache	Service gebaseerd	Umeter en Appion
18	Atlassianus	Srevice gebaseerd	Uira, Mantis, Bugzilla
19	Macromedia	Service gebaseerd	Cofee Cup
20	Acessa Groep	Servicegebaseerd / Productgebaseerd	Weblssue
21	Doos Oplossing	Service gebaseerd	Selenium
22	Dci Studios	Service gebaseerd	Tbrun
23	Zachte verbinding	Productgebaseerd	Cresteen
24	Kennis Zeven	Service gebaseerd	Weblssue
25	Ims	Produt Gebaseerd	Testcase, Jira
26	Informatie Oplossing leveren	Servicegebaseerd / Productgebaseerd	Webapplicatie testen in Ruby(Watir)
27	Berpsuite	Produt Gebaseerd	Berpsuite
28	Robijn op spoor	Service gebaseerd	Testrail voor testgereedschap

Deze bedrijven richten zich vooral op hun testinstrumenten voor het produceren van de beste producten en het leveren van betere diensten. De voorgestelde aanpak wordt op hun locatie uitgeprobeerd voor proefnemingen en zij krijgen in korte tijd veel betere testgevallen voor gebruikte gevallen.

Tijd die nodig is voor twee benaderingen

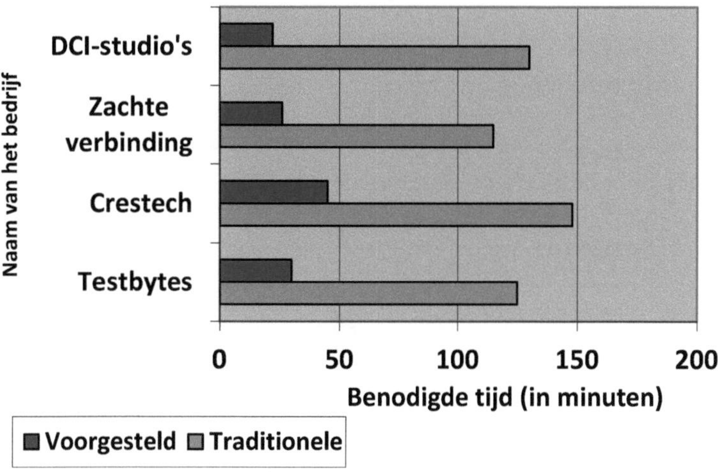

Figuur 4.35: Benodigde tijd voor het genereren van testgevallen

Ook de effectiviteit van gegenereerde testgevallen ten opzichte van eerder gegenereerde testgevallen wordt in de volgende figuur weergegeven in termen van foutdetectie: -

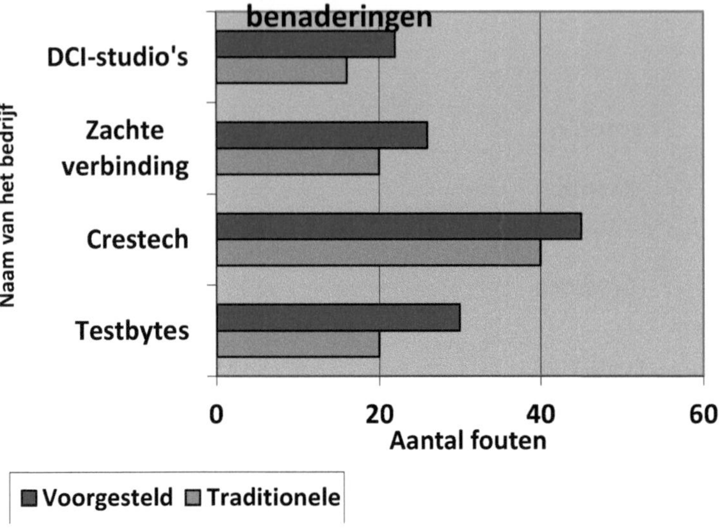

Figuur 4.36: Aantal fouten dat door beide benaderingen is ontdekt

Samenvatting

Het testen van de software gebeurt met bepaalde geschiktheidscriteria. De analyse van de grenswaarde is daar één van. Er is geconstateerd dat programmeurs meer fouten maken bij de grenzen van invoervariabelen. Het is dus besproken en er is voorgesteld om voor dit criterium automatisch een testcase te genereren. De algemene resultaten laten zien dat evolutionaire testen een veelbelovende aanpak zijn voor het volledig automatiseren van testcase-ontwerp voor grenswaarde-analysetechniek van testen. Om de efficiëntie en effectiviteit te verhogen en zo de totale ontwikkelingskosten voor softwaregebaseerde systemen te verlagen, is een systematische en automatische testcase-generator nodig. Genetische algoritmen zoeken naar relevante testcases in het inputdomein van het te testen systeem. Door de volledige automatisering van het genereren van testcases wordt de algehele kwaliteit van de software ook verbeterd in vergelijking met steekproefsgewijs testen. Het toepassingsgebied van evolutionaire testcase generatie kan verder gaan dan het hierboven beschreven werk. Extra toepassingsgebieden kunnen zijn stuurstroomdiagrammen, padtesten, stresstesten, enz. Eigenlijk, kan elke techniek van het testen worden uitgevoerd met behulp van Genetische Algoritmen automatische testcase generatie.

De algemene resultaten tonen aan dat evolutionaire tests een veelbelovende aanpak zijn voor het volledig automatiseren van het ontwerp van de testcase voor de techniek van de equivalentieklasseverdeling van de tests. Om de efficiëntie en effectiviteit te verhogen en zo de totale ontwikkelingskosten voor softwaregebaseerde systemen te verlagen, is een systematische en automatische testcase-generator nodig. Genetische algoritmen zoeken naar relevante testcases in het inputdomein van het te testen systeem. Door de volledige automatisering van het genereren van testcases wordt de algehele kwaliteit van de software ook verbeterd in vergelijking met het gebruik van steekproefsgewijs testen. Het toepassingsgebied van evolutionaire testcase generatie kan verder gaan dan het hierboven beschreven werk. Extra toepassingsgebieden kunnen zijn stuurstroomdiagrammen, padtesten, stresstesten, enz. Eigenlijk kan elke techniek van het testen worden uitgevoerd met behulp van Genetische Algoritmen automatische testcase generatie.

HOOFDSTUK 5: BEVINDINGEN, CONCLUSIE EN AANBEVELINGEN

Het testen van software is een zorg van de softwareontwikkeling die een maximale inspanning van de totale softwarekosten en -tijd vergt. Testen is geen eenvoudige activiteit. Er is een enorm aantal mogelijke ingangen voor elke programmavariabele die in het programma wordt gebruikt. Het ontwerpen van een software testcase is de primaire taak bij het testen, waarbij een deel van de input van het domein werd geselecteerd om de geteste software te testen. Deze inputs werden uitgevoerd op programma en de resultaten werden onderzocht. Als de testcases voldoende waren om alle invoerwaarden uit te drukken, zijn er meer kansen om de fouten in het programma te vinden, maar als de testcases niet voldoende zijn, zullen fouten onopgemerkt blijven en zich voortplanten met het eindproduct, wat later zal resulteren in een mislukking. Er kan worden afgeleid dat dynamische testen de aanwezigheid van fouten aantonen, maar men kan de afwezigheid ervan niet certificeren.

5.1 Bevindingen

Het belangrijkste punt van zorg bij het testen is het ontwerpen van testcases. Een testcase kan worden gedefinieerd als een input voor het programma, die zal worden gevoed aan het programma en de resultaten werden geïnspecteerd. Als de uitkomsten volgens de specificaties waren, dan slaagt de software voor het testen, anders wordt afgeleid dat er softwarefouten zijn. In het verleden zijn er veel technieken toegepast om dit proces van testcase generatie te automatiseren, zoals Random testen, anti-random testen en adaptieve random testen, enz. Er is geconstateerd dat de testcases die met deze technieken zijn ontworpen, goed waren, maar niet voldeden aan een aantal geschiktheidscriteria.

Evolutionaire algoritmen waren in het recente verleden een hot topic voor optimalisatieproblematiek, & het testen kan worden gezien als een optimalisatieprobleem. Dit zijn algoritmen die gebaseerd zijn op het evolutieconcept. Genetisch algoritme is een voorbeeld van evolutionaire algoritmen. Genetisch algoritme is gebaseerd op Charles Darwin's evolutietheorie; het beschrijft het principe van natuurlijke selectie door *"Survival of Fittest"*. Het genetisch algoritme bootst het evolutieproces na en volgt het proces van natuurlijke selectie. In dit proces van imitatie maakt het genetisch algoritme het mogelijk dat populaties van potentiële oplossingen voor optimalisatieproblemen sterven of zich voortplanten met variaties die geleidelijk aan hun omgeving worden aangepast.

Darwin's ideeën over de principes van het leven kunnen worden samengevat in de volgende drie basisprincipes:

1. Er is een populatie van individuen met verschillende eigenschappen en mogelijkheden. Er bestaat een bovengrens voor het aantal individuen in een populatie.

2. De natuur creëert nieuwe individuen met vergelijkbare eigenschappen als de bestaande individuen.

3. Veelbelovende individuen worden vaker geselecteerd voor reproductie door natuurlijke selectie.

Genetisch algoritme kan worden gebruikt om testpakken te genereren voor een bepaalde specificatie, en deze kunnen worden beschouwd als testgevallen voor het testen van de programma's op basis van deze specificaties. In het verleden is gebleken dat testgevallen in verschillende klassen liggen en dat programmeurs in sommige klassen meer fouten maken. Enkele belangrijke klassen hiervan zijn grenswaardes, equivalentieklassen etc., er zijn meer kansen voor software om te falen bij grenzen. Automatische testcase generatie moet zich richten op dit soort testcase klassen die meer cruciaal zijn voor software. Grenswaarden van een programma worden beschreven als invoergrenzen van de variabelen die in het programma worden gebruikt.

Wanneer moet de Evolutionaire Test worden toegepast:

Als we de voors en tegens van Evolutionaire Testing (ET) in ogenschouw nemen, zijn er een aantal situaties waarin het idealiter nuttig is. Hieronder volgt een lijst met een aantal ideeën over waar ET het beste kan worden opgenomen in de algemene testaanpak:

1. *Er komt een nieuwe tester binnen*: ET maakt de leerfase tot een actieve en verkennende ervaring voor de nieuwkomers.

2. *Snelle beoordeling*: ET biedt snel inzicht in de kwaliteit van software op korte termijn, wanneer er geen tijd is voor de voorbereiding van een testcase.

3. *Nieuwe informatie komt aan het licht tijdens de uitvoering van gescripte tests:* De nieuwe informatie zou een andere teststrategie kunnen suggereren die een omschakeling naar een verkennende modus zou rechtvaardigen.

4. *Validatie van het werk van een andere tester:* ET laat je de functie verkennen die hij/zij heeft getest.

5. *Het team bestaat uit testers met een hoge domeinkennis:* Deze personen kunnen worden vertrouwd om effectieve testen uit te voeren met behulp van ET.

6. *Er is geen testbasis:* ET is nuttig wanneer er geen documentatie of andere bronnen zijn die duidelijke, verwachte resultaten voor de tests kunnen definiëren.

7. *Het is een bètatest:* waarbij gebruikers worden uitgenodigd om vroegtijdig feedback te geven over een prototype of een voorlopige testversie.

Er werd gebruik gemaakt van een genetisch algoritme om testgevallen te genereren voor dit soort klassen, en de resultaten werden vergeleken met andere technieken. Er werd opgemerkt dat de door het genetisch algoritme gegenereerde testgevallen bij deze geschiktheidscriteria veelbelovender waren dan steekproefsgewijze tests. Het genereren van testgevallen is niet de enige activiteit bij het testen. Deze testcases moeten in het programma worden uitgevoerd en de eindresultaten zullen worden geverifieerd. Dit moet ook geautomatiseerd worden.

5.1.1 Impact op product- en dienstenorganisaties

Alle soorten softwareontwikkelingsbedrijven moeten de kwaliteit van hun producten of diensten waarborgen. Het testen van software gebeurt op deze manier. Maar om het hele testen af te ronden, zijn er veel hindernissen zoals budget, tijd etc. Door het testen sneller te laten verlopen wordt het proces dus haalbaar. Het doen van dit soort activiteiten door mensen is ook erg foutgevoelig. Dus automatisering in deze activiteit is nodig. In dit werk is automatisering van het testen van software voorgesteld met behulp van de bekendste optimalisatietechniek, namelijk het Genetisch Algoritme. Ook is een nieuw model voorgesteld om de resultaten te verbeteren. Voor productgebaseerde bedrijven moeten ze ervoor zorgen dat de gebruiker het juiste product op het juiste moment krijgt. Ook voor dienstverlenende bedrijven is het doel om ruim op tijd en met de best mogelijke kwaliteit aan de behoeften van de klant te voldoen.

Voor beide soorten bedrijven kunnen we het voorgestelde model overnemen om de dingen snel en beter te maken. We kunnen gebruik maken van, herstel-blok techniek en automatische testcase generatie om de betere testpakken te genereren. Deze testpakken zullen het vertrouwen van het bedrijf in hun producten vergroten. Ook zal het voorgestelde model het totale proces in korte tijd voltooien.

Veel programma's kunnen automatisch worden getest met behulp van de voorgestelde aanpak, die het softwareontwikkelingsproces zal versnellen. Voor dienstverlenende bedrijven zal het veel beter gaan als zij de best mogelijke diensten leveren. Ze moeten dus hun interne processen testen voor een betere dienstverlening. Het ontwikkelen van het loketprogramma voor elk programma is ook een uitdagende taak, die kan worden genomen als een toekomstige omvang van dit werk. In de toekomst kunnen we verschillende kaders en technologieën identificeren die helpen bij het ontwikkelen van deze herstelblokken.

Een hoge beschikbaarheid of 99,999% (5-negen) uptime is niet alleen van cruciaal belang voor militaire en veiligheidskritische toepassingen, maar ook voor veel commerciële toepassingen. Het betrouwbaar functioneren van deze systemen is van het grootste belang voor de miljoenen gebruikers die dagelijks van deze systemen afhankelijk zijn en zelfs de kleinste storing kan ernstige gevolgen hebben. Helaas zal het uitvoeren van systeemtesten alleen op deze toepassingen niet leiden tot 100% dekking. Veel van de functies bevatten vaak code voor foutafhandeling die moeilijk of onmogelijk te stimuleren is met behulp van de volledig geïntegreerde toepassing. De optimale oplossing vereist dat u ook unit- en integratietesten uitvoert.

De producten zijn onderhevig aan concurrentie en zakelijke dwang, maar wanneer het een dienst is die wordt geregeld door een contract/overeenkomst. Dit leidt tot een verschil in het testen van de wendbaarheid en flexibiliteit. Bij het verlenen van een dienst is risicobeperking/beheer van het grootste belang, maar voor een product is het enige wat belangrijk is, de bedrijfsdoelstellingen en de snelheid waarmee deze worden bereikt. Bij het testen van een product gaat het om het denken van de eindgebruiker en het zorgen dat de ervaring groot is, terwijl bij het testen van de software de specificaties in acht worden genomen.

Het belangrijkste doel van het verbeteren van bedrijfssystemen is het verbeteren van de klantervaring. Elke downtime, hetzij door het updaten van code, hetzij door een servercrash als gevolg van defecte software, zal een negatief effect hebben. Sommige ontwikkelingsorganisaties beschouwen het testen van software als een "luxe". Echter, defecten in bedrijfskritische applicaties kunnen een systeem neerhalen met mogelijk desastreuze gevolgen - voor zowel het bedrijf als de eindgebruiker. Met grondig geteste software krijgt een bedrijf een voorsprong op de concurrentie, evenals de gemoedsrust dat de werkzaamheden soepel zullen verlopen.

Dus om de ervaring van de gebruiker het beste te maken, moeten alle bedrijven zich richten op hun teststrategieën. In dit werk heeft het onderzoek geprobeerd om het proces van het testen automatisch te maken, wat beter zal zijn voor zowel product- als servicegerichte organisaties. Zij kunnen het voorgestelde model in dit onderzoek volgen en het testen van de software een eenvoudige en betere taak maken.

5.2 Conclusies

In het voorgestelde model worden de testgevallen automatisch gegenereerd met behulp van het Genetic Algorithm dat voldoet aan een of andere geschiktheidsfunctie, d.w.z. Grenswaarde-analyse, equivalentieklasse-indeling, enz. Outputs gegenereerd door hen zullen worden vergeleken & in geval van onenigheid zal de defecte eenheid worden geïdentificeerd op basis van de meerderheid.

Het idee van het model is ontleend aan de techniek van het herstelblok. Herstelblokken werden voor het eerst geïntroduceerd door Horning en zijn teamgenoten. Dit schema is analoog aan het koude stand-by schema voor hardware fouttolerantie. In principe worden bij deze aanpak meerdere varianten van software die functioneel gelijkwaardig zijn, op een tijdloze manier ingezet. Een *acceptatietest* wordt gebruikt om de validiteit van het resultaat van de primaire versie te testen. Als het resultaat van de primaire versie de acceptatietest doorstaat, wordt dit resultaat gerapporteerd en stopt de uitvoering. Indien daarentegen het resultaat van de primaire versie de acceptatietest niet doorstaat, wordt een andere versie uit de meerdere versies ingeroepen en wordt het geproduceerde resultaat door de acceptatietest gecontroleerd. De uitvoering van de constructie stopt niet totdat de acceptatietest door één van de meerdere versies is geslaagd of totdat alle versies zijn uitgeput. De significante verschillen in de herstelblokaanpak ten opzichte van de programmering van de N-versie zijn dat slechts één versie tegelijk wordt uitgevoerd en dat de aanvaardbaarheid van de resultaten wordt bepaald door een test in plaats van door een meerderheidsstemming. De recovery block-techniek is toegepast op real life systemen en is de basis geweest voor de gedistribueerde recovery block-structuur voor de integratie van hardware- en softwarefoutentolerantie en de uitgebreide gedistribueerde recovery block-structuur voor commando- en besturingstoepassingen. In het tweede voorgestelde model worden de testgevallen gegenereerd met behulp van Genetic Algorithm & gevoed aan het geteste programma P, de output van de P wordt gevoed aan programma P', aanvulling van P, & output van P' wordt vergeleken met de input van P, en in geval van onenigheid kan worden afgeleid dat ofwel P ofwel P' een defecte eenheid is.

Beide modellen werden geanalyseerd met een aantal software die werd getest (SUT) zoals nextdate en previousdate van een bepaalde datum, factorial van een getal en nummer van een factorial.

Het testen van software kost maximale inspanningen in vergelijking met elk ander proces van softwareontwikkeling. Aangezien software het onderdeel van het leven is geworden & bijna alle dagelijkse activiteiten worden gecontroleerd & beïnvloed door software, is falen van software geen acceptabel gedrag meer. Experimenten met testtechnieken concluderen dat geen adequaatheidscriterium voldoende is & uitputtend testen niet mogelijk is vanwege de enorme toestandsruimte. Dus twee dingen worden uiteindelijk geconcludeerd (i) er is behoefte aan automatisch testen & (ii) testen is een probleem van optimalisatie. In het proefschrift is een poging gedaan om zowel de doelstellingen te bereiken door gebruik te maken van Genetic Algorithm voor het automatisch genereren van testgevallen en er zijn twee modellen voorgesteld & de prestaties worden vergeleken met het automatisch genereren van testgevallen met behulp van steekproefsgewijs testen. In de toekomst kan het werk worden uitgevoerd door het mengen van lokale zoektechnieken, ook in het genetische algoritme, om de prestaties verder te verbeteren.

5.3 Aanbevelingen

Enkele gemeenschappelijke opmerkingen van geïmplementeerde modellen zijn de volgende:

1. Het zal in sequentiële modus lopen.

2. Er zijn slechts twee programma's, het hoofdprogramma en het complementaire programma.

3. Het model is een gespecialiseerd type model.

4. Er zijn zeer weinig inspanningen nodig om dit model te implementeren.

Voor productgerichte organisaties en dienstverlenende organisaties kan het voorgestelde model dus een perfecte probleemoplosser zijn. Met behulp hiervan wordt de kwaliteit van het product automatisch gecontroleerd op fouten en de detectie ervan. Het model kan worden gecontroleerd voor meer grotere probleemgevallen om de juistheid ervan te controleren voor grote gevallen in beide soorten organisaties.

Bibliografie

1. Affenzeller, M., Winkler S. en Wagner S., (2009) *"Genetische Algoritmen en Genetische Programmering: Moderne concepten en praktische toepassingen"*, Chapman-Hall CRC, ISBN-1584886293

2. Angeline, P.J., (1996) *"Genetic Programming's Continued Evolution"*, Advances in Genetic Programming, Vol.2, ed Cambridge, MA MIT Press, pp 1-20.

3. Avizienis A., *"Fault-Tolerance and Fault-Intolerance": Complementaire benaderingen van betrouwbaar computergebruik"*, Proc. 1975 Int. Conf. Betrouwbare software, pp. 458-454.

4. Avizienis A., *"Fault-Tolerant Computing. Vooruitgang, problemen en vooruitzichten Informatieverwerking 77."* (Proc. IFIP-congres 1977, pp. 405-420.)

5. Avizienis A., *"The Methodology of N-versie Programming"*, Software Fault Tolerance, bewerkt door M. Lyu, John Wiley & Sons, 1995.

6. Terug, T., U. Hammel, en H.-P. Schwefel (1997), "Evolutionaire berekening: Commentaar op de geschiedenis en de huidige stand van zaken," *IEEE Transactions on Evolutionary Computation 1*(1), 3-17

7. Bandyopadhyay, S., S. K.Pal en U.Maulik, (1998) Incorporating chromosome differentiation in genetic algorithms, *Information Sciences*, 104, pp 293-319.

8. Beizer B. *"Technieken voor het testen van software"*. Van Nostrand Reinhold, 2de editie, 1990.

9. Beasley, D., Bull D.R. en Martin R.R. (1993a) Een overzicht van genetische algoritmen: Deel 1, Stichtingen, University Computing, Vol.15, No.2, pp58-69.

10. Beasley, D., Bull D.R. en Martin R.R. (1993b) Een overzicht van genetische algoritmen: Deel 2, Onderzoeksonderwerpen, University Computing, Vol.15, No.4, pp 170-181.

11. Berndt D. et al. (2003), "Breeding Software Test Cases with Genetic Algorithms", IEEE Proceedings of the Hawaii International Conference on System Science, Hawaii.

12. Bertolino, A.: "An overview of automated software testing", Journal Systems

Software, Vol. 15, pp. 133-138, 1991.

13. Bicevskis J. et al. (1979) "*SMOTL-A systeem om monsters te bouwen voor het debuggen van gegevensverwerkingsprogramma's,*" IEEE Trans. Sofrware Engineering., Vol. SE-5, No. 1, pp. 60-66.

14. Boyer R., Elspas B., & Levitt K. (1975) SELECT-A *formeel systeem voor het testen en debuggen van programma's door symbolische uitvoering,*" *SIGPLAN* Notices, Vol. 10, No. 6, pp. 234-245.

15. Cai, X, Lyu M. R. en Vouk M. A... "Experimentele evaluatie van de betrouwbaarheidskenmerken van N-Version Programming." Proc. 16e IEEE Intl. Symp. over Software Reliability Engineering, Nov. 2005, pp 161-170.

16. Caruana, R.A. en J.D. Schaffer, (1988) Vertegenwoordiging en verborgen vooringenomenheid: Grijze versus binaire codering in genetische algoritmen, *Procedure van 5e Int. Conf. on Machine Learning* (Ann Arbor, MI, 1988) ed. J Laird (San Mateo, CA: Morgan Kaufmann), pp 153-161.

17. Chambers, L., Ed. (2000), *The Practical Handbook of Genetic Algorithms: Applications, Second Edition*, Chapman & Hall / CRC.

18. Chen L., Avizienis A., "*N-Version Programming. A Fault-Tolerance Approach to Reliability of Software Operation,*" Digest of Papers FTCS-8: Eight Annual International Conference on Fault-Tolerant Computing, Toulouse, pp. 3-9 (juni 1978).

19. Chen L., Avizienis A., "*N-Version Programming. A Fault-Tolerance Approach to Reliability of Software Operation,*" Fault-Tolerant Computing, 1995, 'Highlights from Twenty-Fifth International Symposium on, Vol., Iss., 27-30 Jun 1995, Pages:113

20. Clarke L. (1976) *Een systeem om testgegevens te genereren en symbolisch programma's uit te voeren.* IEEE Trans. Sofrware Engineering, vol. SE-2, nee. 3, pp. 215-222.

21. Cobb H.G. en J.J. Grefenstette, (1993) Genetische algoritmen voor het volgen van veranderende omgevingen, In S.Forrest (Ed.) *Proceedings of the Fifth International Conference on Genetic Algorithms,* San Mateo CA Morgan Kaufmann, pp 523-530.

22. Cohen, D., M. et al. (1997) *Een benadering van het testen op basis van een combinatorisch ontwerp*. IEEE Transactions on Software Engineering,23(7) pp437-444.

23. Copeland Lee, (2004): "*A Practitioner's Guide to Software Test Design*", STQE Publishing.

24. Coward, P.D.: "Symbolic execution systems - a review" Software Engineering Journal, pp. 229 - 239, november 1988.

25. Daniels, F., K. Kim en M. Vouk. "*The Reliable Hybrid Pattern. Een Generalized Software Fault Tolerant Ontwerppatroon.*" Gepresenteerd op PLoP 1997, Monticello, IL. September 1997. http://hillside.net/plop/plop97/Workshops.html

26. Darwin, Charles (1859) *The Origin of Species by Means of Natural Selection, of the Preservation of Favoured Races in the Struggle for Life,* John Murray, Londen.

27. De Jong, K.A., (1975) Een analyse van het gedrag van een klasse van genetische adaptieve systemen. (Doctoraal proefschrift, Universiteit van Michigan), 36(10), 5140B (University Microfilms No. 76-9381).

28. De Jong, K.A. en J.Sarma (1993) Generation Gaps revisited. In D. L.Whitley (red.) *Foundations of Genetic Algorithms 2*, Morgan Kaufmann, pp 19-28.

29. Deason, W. H., Brown, D. B., Chang, K. H., en II, J. H. C. (1991). "*Een Rule-Based Software Test Data Generator*". *IEEE Trans. op Knowl. en Data Eng.* , 3(1):108–117.

30. Deb, Kalyanmoy, (1997) *Handbook of Evolutionary Computation,* release 97/1. Oxford University Press.

31. Delamaro M. E., J. C. Maldonado & Mathur A. P.(1996): Integratietesten met behulp van interfacemutatie, procedure van het zevende internationale symposium van Software Reliability Engineering (ISSRE'96), White Plains, NY, pp.112-121.

32. DeMillo R. A., McCracken W. M., Martin R. J. en Passafiume J. F.: 'Software testing and evaluation', 1987.

33. Dijkstra, E. W., Dahl, O. J., Hoare, C. A. R.: "*Structured programming*", Academic Press., 1972.

34. Duran J. W. en Ntafos S. C.: "An Evaluation of Random Testing", IEEE Transactions on Software Engineering, Vol. SE-10, No. 4, pp. 438-444, July 1984.

35. Duran, J. W. en Ntafos S., 'A report on random testing', Proceedings 5th Int. Conf. over Software Engineering gehouden in San Diego C.A., pp. 179-83, maart 1981.

36. Eiben, A. E. & Smith, J. E. (2003): Inleiding tot Evolutionaire Computing. Springer.

37. Fenton, P. en P.Walsh (2005) Het verbeteren van de prestaties van de herhalende permutatie representatie met behulp van morfogene berekening en gegeneraliseerde gewijzigde volgorde crossover, In *Proceedings of Congress on Evolutionary Computation 2005*, pp 1372-1379.

38. Ferguson, R. & Korel, B. (1996) De *ketenbenadering voor het genereren van software testgegevens*. ACM Transactions on Software Engineering and Methodology, 5(1):pp63-86.

39. Fletcher, Roger, (1980) *Praktische Optimalisatiemethoden. Volume 1: Unconstrained Optimization* (v. 1), John Wiley & Sons Ltd., ISBN 10: 0471277118.

40. Fogel, D., (1995) *Evolutionary Computation*, IEEE Press.

41. Forrest, S. (1993) Genetische Algoritmen: Principes van natuurlijke selectie Toegepast op computers, *wetenschap*, Vol.261, No.1, pp 872-878.

42. Gallagher M.J. en Narasimhan V.L.: "A software system for the generation of test data for ADA programs", Microprocessing and Microprogramming, Vol. 38, pp. 637-644, 1993.

43. Gallagher, M., J., & Narasimhan, V., L. (1997) Een *test data generatie suite voor ada software systemen*. IEEE Transaction on Software Engineering, 23(8): pp473-484.

44. Gen, Mitsuo, (1996) *Genetische algoritmen en technisch ontwerp*, Wiley-IEEE, ISBN 0471127418.

45. Geoffrey, M.F., Peter M. Todd en Shailesh U. Hegde (1989) Ontwerpen van Neurale Netwerken met behulp van Genetische Algoritmen, In *Procedure van ICGA 1989*, pp 379-384.

46. Girard, E. en Rault, F. C.: 'A programming technique for software reliability', IEEE Symp. Computer Software Betrouwbaarheid, pp. 44-50, 1973

47. Godefroid, P. & Khurshid, S. (2002): Het verkennen van Very Large State Spaces met behulp van genetische algoritmen. In TACAS '02: Proc. of the 8th Int. Conference on Tools and Algorithms for Computer.

48. Goldberg, D. E., "Genetische algoritmen in zoeken, optimaliseren en machinaal leren", Addison Wesley Longman, Inc., ISBN 0-201-15767-5, 1989.

49. Goldberg, D. E., *Genetische en evolutionaire algoritmen Come of Age*, Mededelingen van de ACM, Vol.37, No.3, maart 1994, pp.113-119.

50. Goldberg, D.E., (2000) Het ontwerp van innovatie: Lessen uit genetische algoritmen, lessen voor de echte wereld. Technologische voorspelling en sociale verandering.

51. Goldberg, D.E. en Deb K., (1991) A comparative analysis of selection schemes used in genetic algorithms, *Foundations of Genetic Algorithms*, San Mateo, CA, Morgan Kaufmann, pp 69-93.

52. Goldstein, J.M., (1991) Genetic Algorithm Simulation of the SHOP Scheduling Problem, an ICMS/Shell Oil Business Consultancy.

53. Grefenstette, J.J., (1986) Optimalisatie van de controleparameters voor het Genetisch Algoritme, *IEEE Trans. Over systemen, mens en cybernetica,* Vol.16, No.1, pp. 122-128.

54. Hamlet D. & Taylor R., "Partition *testing does not inspireert vertrouwen",* IEEE Transactions on Software Engineering, Vol. 16, 1990, pp. 1402-1411.

55. Harrold Jean Mary (2008) *Het testen van evoluerende software: Huidige praktijk en toekomstige belofte.* ISEC'08, Hyderabad, India ACM 978-1-59593-917-3/08/0002. pp. 19-22.

56. Haupt, R. L., en S. E. Haupt (1998): *Praktische Genetische Algoritmen* John Wiley & Sons, Inc. New York, NY.

57. Hetzel, William C., (1988): *The Complete Guide to Software Testing, 2nd ed.* Publicatie-informatie: Wellesley, Mass, QED Information Sciences, ISBN:0894352423.Fysieke beschrijving: ix, p 280.

58. Holland, J. H., *Adaptation in Natural and Artificial Systems,* University of Michigan Press, 1975.

59. Holland, J.H., (2000) Bouwstenen, cohortgenetische algoritmen en hypervlakke functies, *Evolutionary Computation,* Vol.8 No.4, pp 373-391.

60. Horning J. J., Lauer H. C., Melliar-Smith P. M. en Randell B., "*A Program Structure for Error Detection and Recovery.*" *Lezing Notes in Computer Science,* 16:177-193, 1974.

61. Howden W. (1977): *Symbolisch testen en het DISSECT symbolisch evaluatiesysteem.* IEEE Trans. Software Eng., vol. SE-4, nee. 4, pp. 266-278.

62. Howden W. E.(1982): Zwakke mutatietesten en volledigheid van testsets, IEEE Trans. op Softw. Eng., 8(4), pp371-379.

63. Humphrey W. S.(1997): Inleiding tot het Persoonlijke S/W-proces, Addison Wesley Longman Inc., 1997.

64. Ince, D. C.: "*The automatic generation of test data*", The Computer Journal, Vol. 30, No. 1, pp. 63-69, 1987.

65. Jorgensen P. C. (2001): "*Software testen. A Craftsman's Approach*". CRC Press, 2e druk.

66. Karr, C.L., en L.M. Freeman, Ed. (1999), *Industrial Applications of Genetic Algorithms*, CRC Press, New York, NY.

67. King J. C.: 'Symbolische uitvoering en programmatesten', Communicatie van de ACM, Vol. 19, No. 7, pp. 385-394, 1976.

68. Knight, J.C. en N.G. Leveson, "*An Experimental Evaluation of the Assumption of Independence in Multi-versie Programming*", *IEEE Transactions on Software Engineering*, Vol. SE-12, No. 1 (januari 1986), pp 96-109.

69. Knight, J. C. en N. G. Leveson, "*Een antwoord op de kritiek van het Knight & Leveson experiment,*" SIGSOFT *Software. Engineering Notes* 15, 1 (jan. 1990), 24-35.

70. Korel B.: "Automated software test data generation", IEEE Transactions on Software Engineering, Vol. 16, No. 8, pp. 870-879, Augustus 1990.

71. Korel, B., Wedde, H., & Ferguson R. (1991): *Geautomatiseerde testdata generatie voor gedistribueerde software.* In Proc. COMPSAC! 91, pp 680-685.

72. Korf, R.E., M. Reid, (1998) Complexiteitsanalyse van ontvankelijk heuristisch onderzoek, in *procedures van de Nationale Conferentie voor Kunstmatige Intelligentie (AAAI-98),* Madison, WI, pp 305-310.

73. Koza, J. R. (1992): Genetische programmering: Over de programmering van computers door middel van natuurlijke selectie. MIT-pers.

74. Lawrence, D., (1989) Mapping Neural Networks into Classifier systems", In *Proceedings of 3rd International Conference on Genetic Algorithms and their Applications,* pp 375-378.

75. Lin, J. & Yeh, P. (2001): Automatisch genereren van testgegevens voor het testen van paden met behulp van GA's. Informatiewetenschappen, 131(1-4), pp 47-64.

76. Louis, S. J. (1993). Genetische algoritmen als een levensvatbaar computerhulpmiddel voor het ontwerp. Doctoraalscriptie, afdeling Informatica, Indiana Universiteit. Bloomington, IN.

77. Mansour, N. & Salame, M. (2004). Data Generation for Path Testing. Software Quality Journal, 12(2), pp 121-136.

78. Meng, Q.C., (1996) An Approach on Genetic Algorithm with Symmetric Codes, *Journal of ACTA Electronic Sinica,* Vol.24, No.10.

79. Meng, Q.C. en Y.Hamam, (1993) A new Genetic Strategy with a Gate Change Function, In *Proceedings of IEEE 1993 International Conference on System, Man, Cybernetics,* pp 462-466.

80. Meng, Q.C., H. Ji, en H. Dong, (1997) Toepassing van een Nieuwe Genetische Strategie op Robotcontrole, In *Proceedings of IEEE ICIPS'97,* Beijing.

81. Meng, Q.C., T. J.Feng, Z.Chen, C.J.Zhou en J.H. Bo, (1999) Genetische algoritmencoderingsstudie en een voldoende convergentievoorwaarde van GAs, In *Proceedings of 1999 IEEE International Conference on Systems, Man, and Cybernetics,* Tokyo, Japan, Vol. 1, pp. 649-652.

82. Merz P. en B. Freisleben (1977) Genetic Local Search for the TSP: New results, In *Proceedings of IEEE International Conference on Evolutionary Computation,* IEEE Press, pp 159-164.

83. Mesquita, A., F.Salazarand en P.Canazio, (2002) Chromosoom representatie door middel van Adjacency Matrix in Evolutionary Circuit Synthesis. NASA/Conferentie over Evolvable Hardware, ISBN 0769517188, pp 102-112.

84. Michalewicz Z., *"Genetic Algorithms + Data Structures = Evolution Programs"*, Springer-Verlag, 2de editie, 1994.

85. Mitchell, M., J. H. Holland en Stephanie Forrest (1994) Wanneer zal een Genetisch Algoritme beter presteren dan Hill Climbing?, In J.D.Cowan. G.Tesauro en J.Alspector (Eds.) *Advances in Neural Information Processing Systems,* 6, San Mateo, CA, Morgan Kaufmann.

86. Mitchell, M., (2011) Wat is computergebruik? - Biologische berekening, *alomtegenwoordigheid,* een ACM PUBLICATIE.

87. Murnane T. & Reed K.(2001): On the Effectiveness of Mutation Analysis as a Black Box Testing Technique, 13e Australische Software Engineering Conference (ASWEC'01), Canberra, Australië pp 00-12.

88. Myers, G.J. (1979): *The Art of Software Testing*, John Wiley & Sons, Inc. New York.

89. Natowicz, R. en G.Venturini, (1990) Genetic Algorithms and Classifier Systems for an Autonomous Moving Robot, In Proceedings of the IASTED International Symposium on Applied Modelling and Simulation, Lugano.

90. Negnevitsky, M., (2002) *Artificial Intelligence, A Guide to Intelligent Systems.* Pearson Education Limited, ISBN 0201-71159-1.

91. Offutt J. en Hayes J., *"Een semantisch model van programmafouten"*. In het International Symposium on Software Testing and Analysis (ISSTA 96), pagina's 195{200. ACM Press, 1996.

92. Ould, M.A.: 'Testing - a challenge to method and tool developers', Software Engieering Journal, pp. 59-64, maart 1991.

93. Pargas, R. P. et al. (1999): Test-Data Generatie met behulp van Genetische Algoritmen. Software testen, Verificatie & Betrouwbaarheid, 9(4), pp 263-282.

94. Parrish, A.S. & Zweben S.H.(1995): On the relationships among the all-uses, all-DU-paths, and all-edges testing criteria", Software Engineering, IEEE Transactions, pp 1006-1009.

95. Paul C. Jorgensen (2010): "Software testing - A Craftsman's Approach", Auerbach Publication, ISBN 13:978-0-8493-7475-3.

96. Prasad K.V.K.K.(2006): Software Testing Tools met case studies, Dreamtech Press.

97. Ramamoorthy C., Ho S., & Chen W., (1976) "On *the automated generation of program test data,"* IEEE Trans. Software Eng. Vol. SE-2, nee. 4, pp. 293-300.

98. Rapps Sandra, Elaine J. Weyuker (1982): Data Flow Analysis Techniques for Test Data Selection", zesde internationale conferentie over software-engineering, Tokio, Japan, 13-16 september 1982.

99. Ray S., Bandyopadhyay S. en Pal S.K., (2007) Genetische operatoren voor combinatorische optimalisatie in TSP en microarray genbestelling, Springer Science + Business Media, LLC.

100. Reza, H. Lande, S. (2010): Informatietechnologie: New Generations (ITNG), 2010 Zevende Internationale Conferentie. Las Vegas ISBN: 978-1-4244-6270-4, INSPEC-toetredingsnummer: 11402724, Digital Object Identifier: 10.1109/ITNG.2010.122, Datum van de huidige versie: 01 juli 2010, pp 188 - 193.

101. Ridley, M., (1996) *Evolution*, Blackwell Science, 2 editie.

102. Roger L. W., 19 november 1993, "Introduction to Genetic Algorithms - Theory and Applications," The Seventh Oklahoma Symposium on Artificial Intelligence.

103. Ryan, C., (2000) *Automatische re-engineering van software met behulp van genetische programmering*, Genetic Programming Series, Kluwer Academic Publishers, ISBN 0-7923-8653-1.

104. Saridakis, T. "*A System of Patterns for Fault Tolerance*", Proceedings of EuroPLoP 2002, Kloster Irsee, Duitsland, juli 2002, blz. 535-582.

105. Sarma, J. en De Jong K. (1997) Generatiekloof methoden, In Back,T. , D.B.Fogel en Z.Michalewicz (Eds.) *Handbook of Evolutionary Computation*, pp C2.7:1-C2.7:5.

106. Sastry, K., (2002) Evaluation-relaxation schemes for genetic and evolutionary algorithms. Masterproef, Universiteit van Illinois aan Urbana-Champaign, Urbana.

107. Sivanandam, S.N. en S.N. Deepa (2007) Inleiding tot Genetische Algoritmen, Springer, ISBN 9783540731894.

108. Sivaraj, R. en T. Ravichandran, (2011) A review of selection methods in Genetic Algorithms, *International Journal of Engineering Science and Technology,* Vol.3, No.5, pp 3792-3797.

109. Shingo Shigeo, Zero Quality Control: Broninspectie & het poka-yoke-systeem, Productiviteitspers, 1986.

110. Srinivas M. & Patnaik L. M. (1994): Genetische algoritmen: een onderzoek, IEEE Computer, 27 (6), pp 17-26.

111. Staknis, M. E.: 'Softwarekwaliteitsborging door middel van prototyping en geautomatiseerd testen', Inf. Software Technol., Vol. 32, pp. 26-33, 1990

112. Starkweather, T., S. McDaniel, K. Mathias, D.Whitley en C.Whitley, (1991) Een vergelijking van genetische sequencing operatoren, In R.Belew en L. Booker (Eds.) *Proceedings of the Fourth International Conference on Genetic Algorithms,* San Mateo, CA, Morgan Kaufmann, pp 69-76.

113. Sthamer, H. (1996): De automatische generatie van softwaretestgegevens met behulp van genetische algoritmen. Doctoraalscriptie, Universiteit van Glamorgan, Pontyprid, Wales, Groot-Brittannië.

114. Sthamer H., Baresel A. & Wegener J., (2001) "Evolutionary *Testing of Embedded Systems",* 14e Internationale Internet Quality week.

115. Tai K. C. & Lei Y. (2002): *Een testgeneratiestrategie voor het paarsgewijs testen.* IEEE Transactions of Software Engineering, Vol 28 No.1.

116. Taub, H. en D. L.Schilling, (1986) *Principles of Communication Systems,* New York: McGraw-Hill.

117. Taylor R.: '*An example of large scale random testing*', Proc. 7th annual Pacific North West Software Quality Conference, Portland, OR, pp. 339-48, 1989.

118. Thierens, D. en David E. Goldberg, (1994) Convergence Models of Genetic Algorithm Selection Schemes, PPSN 1994, pp 119-129.

119. Thomas W., Global Optimization Algorithms - Theory and Application, augustus 2007

120. Tom V. Mathew, "Genetische Algoritme" [Beschikbaar op:

http://www.civil.iitb.ac.in/tvm/2701_dga/2701-ga-notes/gadoc.pdf], Op 14/1/2012 teruggevonden.]

121. Tomek L., Muppala J. en Trivedi K. S. , *Modeling Correlation in Software Recovery Blocks*". In IEEE Transactions on Software Engineering (special issue on Software Reliability), Vol. 19, No.11, November 1993, pp. 1071-1086.

122. Tomek L. en Trivedi K. S., *"Analyses met behulp van Stochastische Beloningsnetten"*, In Software Fault Tolerance, red. M. Lyu, John Wiley & Sons, 1994.

123. Torres-Pomales, W., *"Software Fault Tolerance. A Tutorial, Technical Report,"* Rapport nr. NASA-2000-tm210616, 2000.

124. Tsoukalas M. Z., Duran J. W. en Ntafos S. C.: "On some reliability estimation problems in random and partition testing", IEEE Transactions on Software Engineering, Vol. 19, No. 7, pp. 687-697, July 1993.

125. VijayLakshmi, K. en Radhakrishnan, S., "Hybride genetisch algoritme voor dynamische QoS Routing voor real-time toepassingen", Procedure van de internationale conferentie over intelligente systemen en netwerken (IISN), pp 203-209, 2007.

126. Wegener, J. en Pitschinetz, R.: *"TESSY - Nog een Computer-Aided Software Testing Tool?* "Proces van de tweede internationale conferentie over het testen, analyseren en beoordelen van software, Brussel, België, 1994.

127. Wegener, J., Grimm, K., Grochtmann, M., Sthamer, H. en Jones, B.: *"Systematisch testen van Real-Time Systemen"*. Procesvoering van de Vierde Europese Internationale Conferentie over Software Testing, Analyse & Review, Amsterdam, Nederland, 1996.

128. Whitley D., "A Genetic Algorithm Tutorial" *Statistics and Computing* (4):65-85, 1994.

129. Zeller, A. (2001): "Geautomatiseerd debuggen: zijn we dichtbij?" *IEEE Computer,* 34, 11, pp26-31.

130. http://www.mathworks.in/products/matlab/ Datum: 12-08-2009, 11:00 uur.

131. S. Salah, A.J. Carretero, en A. Rahim, "The integration of quality management and continuous improvement methodologies with management systems", International Journal Productivity and Quality, Vol. 6, No. 3, pp.269-288, 2010.

132. Kapur P. K Singh V.B. en Yang Bo "Software Reliability Growth Model for Determining Fault Types" 3e internationale conferentie over betrouwbaarheid en veiligheidstechniek (INCRESE-2007), Udaipur, gehouden in 17-19 december 2007, pp. 334-349.

133. Kapur P.K., Younes S. en Agarwala S. (1995) "Generalized Erlang Software Reliability Growth Model with n types of faults", ASOR Bulletin,14, pp. 5-11.

134. Kapur P.K. Kumar Archana, Yadav Kalpana en Khatri Sunil " Software Reliability Growth Modelling for Errors of Different Severity using Change Poin"t, International Journal of Quality, Reliability and Safety Engineering, 2007Vol.14,No.4, pp. 311-326.

135. Kapur P.K., Kumar Archana , Mittal Rubina en Gupta Anu (**2005**)". Flexibele Software Betrouwbaarheid Groeimodel dat Fouten van Verschillende Ernst, Betrouwbaarheid, Veiligheid en Gevaar definieert, Narosa die New Delhi publiceert, pp. 190-197.

136. Singh V.B., Khatri Sujata en Kapur P.K. (2010): A Reliability Growth Model for Object Oriented Software Developed under Concurrent Distributed Development Environment, gepubliceerd in het kader van de 2e internationale conferentie over betrouwbaarheid, veiligheid en risico's, georganiseerd door Bhabha Atomic Research Center, Mumbai in december, 14-16, 2010, pp. 479-484.

Printed by Books on Demand GmbH, Norderstedt / Germany